趙尺子先生文集

（下）

趙 尺 子 著

文 史 哲 學 集 成
文史哲出版社印行

國家圖書館出版品預行編目資料

趙尺子先生文集(下) / 趙尺子著. -- 初版 --
臺北市：文史哲，民 108.06
頁；　公分（文史哲學集成； 722）
參考書目：頁
ISBN 978-986-314-472-4 (平裝)

1.元史 2.史學方法

625.708　　108006620

文史哲學集成 722

趙尺子先生文集(下)

著　者：趙　尺　子
出版者：文　史　哲　出　版　社
http://www.lapen.com.tw
e-mail:lapen@ms74.hinet.net
登記證字號：行政院新聞局版臺業字五三三七號
發行人：彭　正　雄
發行所：文　史　哲　出　版　社
印刷者：文　史　哲　出　版　社
臺北市羅斯福路一段七十二巷四號
郵政劃撥帳號：一六一八〇一七五
電話886-2-23511028・傳真886-2-23965656

實價新臺幣三六〇元

民國一〇八年（2019）六月初版

ISBN 978-986-314-472-4　01722

趙尺子先生遺像

勳章證書

勝字第一三七八號

國民政府為趙尺子在抗戰期
間著有勳績特頒給勝利勳章
此證

國民政府主席 蔣中正

國民政府典璽官 許靜芝

中華民國三十四年十一月十二日

國民政府勝利勳章

同是脈務何如家中主
婦每人時我卿卿應
恼語先誤一字牢
記佳哄是家之肥愛
之素何阿夫愛此免
親此父免哭不怒父
罵不怒轉須學貓做
狗蓉志承歎甘孝
慈不友顏遠鏡
是哄到極處也愛劐
極蠶胡把夫錯亂了
桃源路直把簡哄字
免誤作了數人衔
相哄愛不至相事惱不
吴誤已誤家更把新
民誤大我夫婦　明

年此日花滿樹把你倆
泥水揑成簡娃免搿
素相暗
右如意曲一首趟兩時
先生所作趟先生隨地
鍾清而家庭生活之極
和穆自謂浮力於一哄
字此曲菜揮哄字暂
學撤心有群熟讀之可
悦出評多道环前在倫
設及是中新路事趟先
生書覧嬌镓此曲為礼
因妙命墨心博
是中志手
桂芳女士一笑
輕亭敬說

圖像

三

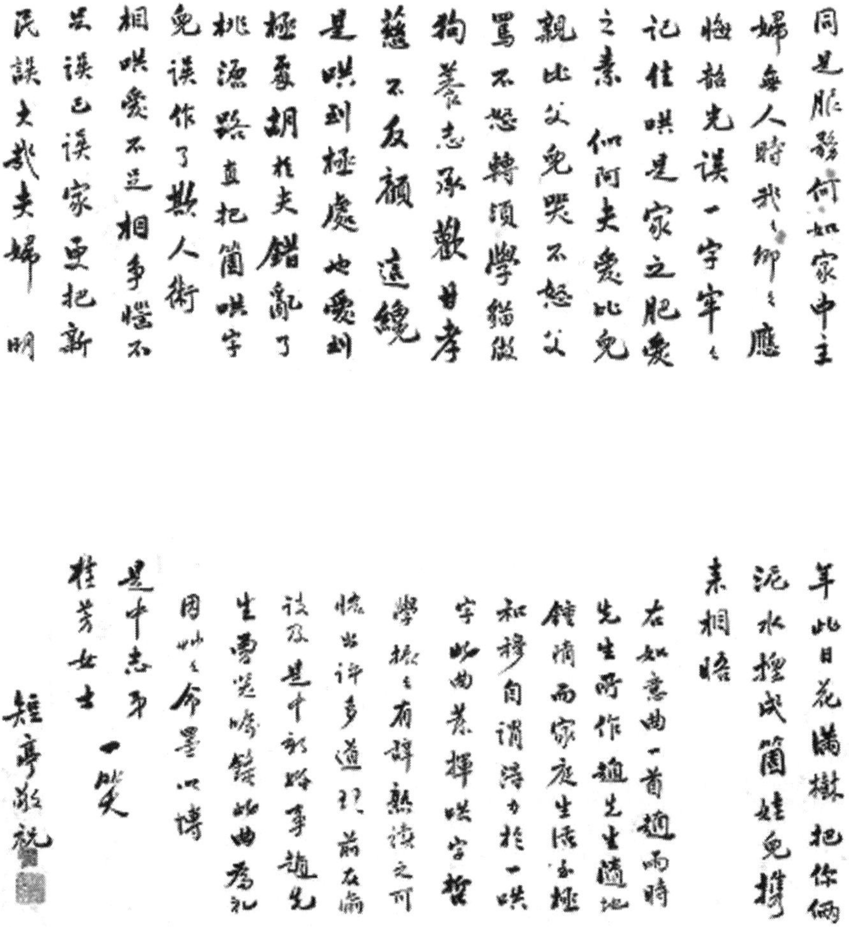

趙尺子先生遺墨

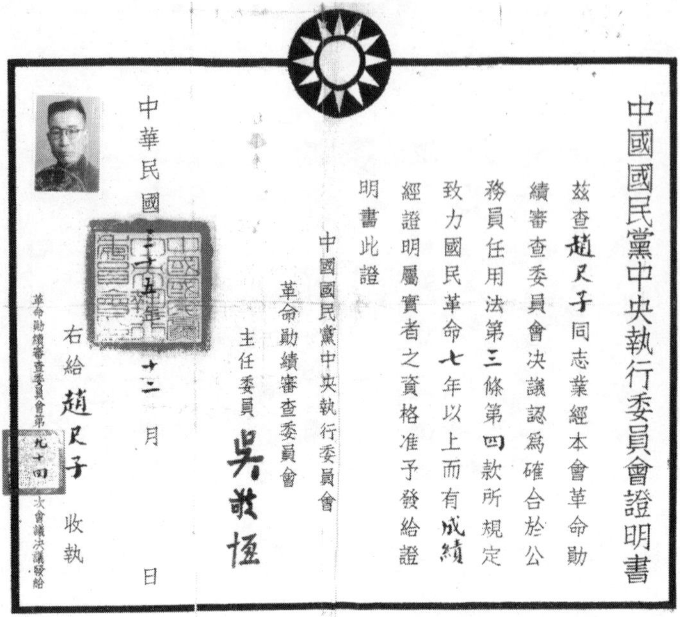

成字第叁肆壹號

中國國民黨中央執行委員會證明書

茲查趙尺子同志業經本會革命勛績審查委員會決議認為確合於公務員任用法第三條第四款所規定致力國民革命七年以上而有成績經證明屬實者之資格准予發給證明書此證

中國國民黨中央執行委員會
革命勛績審查委員會
主任委員吳敬恆

中華民國三十五年十二月 日

右給趙尺子收執

革命勛績審查委員會第九十四次會議決議發給

國民黨革命勛績証書

中國國民黨中央委員會

字第 8782 號

中國國民黨中央委員會證明書

查趙尺子同志現年四十八歲遼寧省錦縣人曾於民國三十二年四月至三十五年四月任中央調查統計局黑龍江省調查統計室主任據呈請發給服務證明書特為證明

秘書長張其昀

中華民國四十三年一月 日發給

右給趙尺子同志收執

任黑龍江省統計室主任証書

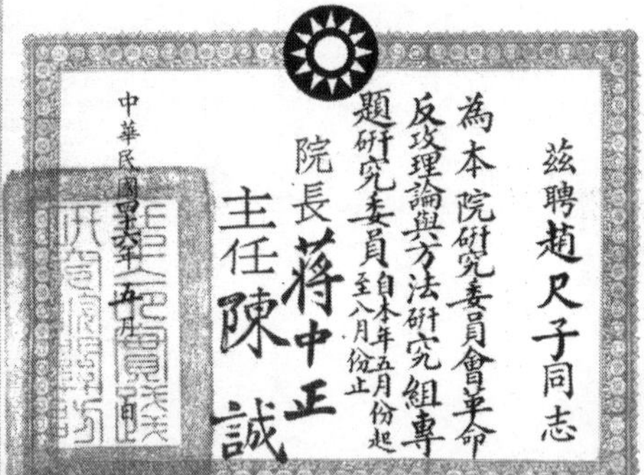

茲聘趙尺子同志為本院研究委員會革命反攻理論與方法研究組專題研究委員自本年五月份起至八月份止

院長蔣中正
主任陳誠

中華民國四十五年五月

革命實踐研究院聘書

趙尺子先生文集（下）

目　次

一、隱忍七年的話

這次中日議和，無論從那一方面看，都應該是簡單明瞭，迅速獲得條約；不意竟而拖了一月之餘。我以一位日本人所謂「學究」的資格，想把心頭隱忍了七年的話，說出一些。

首先我要說明一位「學究」何以會抗日十四年？從民國二十年九一八後的第六天，直到三十四年八月十五日，日本無條件投降，我未曾一刻停止武裝抗日過，這中心的道理，便因爲我壓根兒就是一位「學究」，所「學」的是春秋大平義的「攘夷」，所「究」的是中日關係史。就後一點說。中國文化把日本人養大，他反而恩將仇報了；就前一點說，「蠻夷滑夏」是孔子所不能容忍的：我之抗日，是從文化的立場出發，我的許多有學問的師友之所以消極積極的抗日，據我所確知，也是從文化的立場出發的。因之，日本一經聲明無條件投降，像站在我同一立場的「學究們」，對於六十幾年一直侵華的日本人，便渙然冰釋，不究改往，中國文化中實在沒有「爲已甚」這種因子的。大約在八一五後的二三天，和朋友們談起復員計劃，我便有再到日本去讀三四年書的決定，我從心裡是解消了對他的敵意。但，毛病也便在這裡：中國文化使我們用人，對人的「應爲」，看國對國的「應爲」，人對人，「殺人不過頭點地」；國對國便不這樣了，由日本對於議和的「乘人於危」的用心，可以證明，中國文化是太天眞了，太理想了，「學究」畢竟還是「學究」。日前，和一位朋友，談到中日和約，我便說：孔子的道理，只能用以「修身」；在現代，用它「治國」已感不夠；辦外交更全不行。你非天下各國通同深懂孔子式外交的道理。那時當然可以用孔子的道理辦外交；在今天另有中國人懂孔子，日本人絕不全懂孔子，我們單方面以孔子道理去辦外交，便該有今天的結果云云，也是理智的說法，並不是動了感情。

這上面所談，還不是所謂「隱忍了七年的話」。所謂「隱忍了七年的話」。應該由我爲什麼沒有「再到日本去讀三四年書」談起。九一八以前，我本在日本讀國際公法，被當時日本那種「膺懲」「張果老」的氣氛壓迫回國，未畢所學，心裡總覺得有些缺憾。日本無條件投降後，我立志前往復學，便對朋友們說過；但一追念被日本發動九一八事變，而流亡、窮愁、悲憤以死的先嚴，雖然一方感到國仇是因日本倒下而解消了，但一方想起父仇總還是存在著。先嚴是一位安分而富有的士紳，淘溶在孔子的文化裡，使他覺解應該抗日；但以立場或利害所限，他之所以組軍抗日，無寧說是爲了支援不孝的抗日，多少是被動的。他游擊了不到三個月，便被日軍擊潰，只好流亡北平，他從祖父父親手裡接受的約值當年一萬美金的田園廬舍，也被日軍和漢奸僞銀行侵吞去五分之四，於是他便窮愁了。七七北平淪陷後，不孝仍在蒙古抗戰，他在萬難中還爲我養家，一方倍感日軍和漢奸的精神壓迫、尤與汪逆精衛逼他任僞立法委員並爲他送款，在個人的立場和爲了不孝的立場，他堅決予以謝絕了，但那二年多的恐怖，不作漢奸，便要死亡，使他得了不治之疾，臥床不起。在病中，他還是把短波機修到火炕裡邊，漏夜收聽重慶的廣播，天一亮便口述給李毅夫、王綸閣等人，遍傳親友，以稍盡報國之心。直到三十二年洛陽陷落的消息，被他收到，感到國要亡了，兒孫也再看不到了，拋下耳機，大哭而逝。日本的入侵，不孝的抗日，和我與汪精衛未作漢奸以前的一點點關係，三者害死了這位老人，這種仇恨是我永生所不容忘記的。復夷之後，我當然要使他歸正首丘，但所餘的五分之一的祖業急切不易出脫，我又再籌不出移厝的用費，不久，故園和北平又淪入俄共之手，使老人的遊魂還在異鄉飄泊著。每逢伏臘和農曆四月十二的忌日，我必會潸然落淚的。「父仇不共戴天」也是孔門的遺教。我念著這句話，硬心腸地放棄了兩個公款赴日復學的機會，想在中日議和後再說罷。於今歲月已不再給我復學的幸運，崗位的任務也不許我專心讀書，主要的是中日議和的日方態度，使我——頗有國仇「早洩」之感，而父仇也永不能再洗了。我常常想，如果日方認眞懂得孔子，接受我們的寬大的和約，兩國從此千秋和好，或記頂理想的是再幫忙我國反共抗俄，我對他既然已解消了國仇，就是父仇也未嘗不可以抵銷，帳，這一點，我想在天上的我父也會聽我聲訴的，我眞不勝爲日本人惋惜：他們沒有了解千百萬被弄成無父孤兒的心理，還在培養中國人的父仇，這實在淵源於日本文中（卡那）根本沒有孝字耳。

二、眞涅槃室扎記

（一）床次竹二郎

九一八事變，日寇佔領瀋陽，自張漢卿（學良）氏臥室小保險櫃中，搜獲龍洋一枚，乃床次竹二郎親筆收據一張。計洋五十萬元（當日之銀洋），巨款也。日本國內輿論大譁，斥床次收受張氏賄賂，且謂床次出賣「田中奏摺」所得云。床次原爲民政黨黨魁，事變前正與政友會黨魁田中義一爭首相；經此一擊，郎當入獄，黨亦大蹶。

此案旣轟動，王化一、王卓然、趙雨時三氏，以語諸張氏，並叩原委。氏笑曰：「床次應領爲三百萬元，收條所稱五十萬，乃渠在瀋開具者；尙有二百五十萬，擬派王家楨送東京交付，因事未果。」又曰：「日人訐此爲收買『田中奏摺』者，殆不明眞相之言。先是，床次過瀋來訪，請余支持渠之競選。稱若民政黨組閣，東北問題當表放鬆；滿鐵與我共營，即改成東鐵之型式云云。余允助予競選費三百萬元。當日送去五十萬，即收條所指者。余認此爲私人友誼行爲，而不意床次政治生命，於焉斷送！」

王趙諸氏請益曰：「然則龍洋一枚又作何用？」

「槍斃楊常時，卜卦用者。」氏續談曰：「是晚，鳳至坐床邊，余在室中踱步。鳳至語余：『你想什麼？』余逕告之曰：『我要殺人！』鳳至驚，問：『殺誰？』余不對，踱如故。良久，伊曰：『不論你殺誰，殺便殺罷，何如此不決？』余仍未對。伊續曰：『然則，請某君來一卜可乎？』余曰：『可，自卜。』乃就伊手取龍洋一枚，退至室隅，語之曰：『我扔三次，若都是龍，我就要殺了！』即投洋於床，鳳至告曰：『龍。』再投，曰：『龍！』三投，曰：『龍！』鳳至聲已顫慄。余投洋小保險櫃中，下鎖，即面令請楊常至……鳳至早已驚伏床上，泣矣。」

談話時間爲民國二十一年，地點爲北平順承王府（張宅）。張氏語時甚興會，惟囑王氏等云：「十五年後，可傳出，爲床次洗冤也。」後二年，雨時先生以此語余，迄乃見諸文字，則雨時先生當年所切囑者。雨時陷賊中，屬稿至此，東望泫然！又：楊常者，楊宇霆、常蔭槐也。北伐軍克北平，張氏既決擁護統一，日人脅之，不得，乃因楊常將以篡位。事未集，覺，楊常先授其首，張氏反日之志益堅。鳳至者，張于夫人也。

（二）中村事件

皇姑屯慘案發生後，據日本前首相及海相岡田啓介意見：「日人民均知日軍佔領東北，僅爲時間問題。」其後北伐完成，東北易幟，大一統之局垂成，凡此最爲田中義一及關東軍所忌，而中村事件乃起。

中村，名震太郎，官大尉（當於國軍之上尉），關東軍之「生間」也。以民國二十年六七月間，組偵查班，他裝蒙古人，自攜蒙古人一，發鄭家屯，通遼，迤麗而來，達與安屯墾區所在地之洮南城外。時已深秋，百谷登場。中村行經屯墾軍關瑞璣（字丘衡）之砲兵團部門前，關團長適赴瀋，團附董平輿（字昆吾）代部務。董吉林省長春縣人，同盟會老同志護法議員耕雲先生哲嗣，以第一名卒業北大法律系，復入日本士官學校畢其業。反日思想至濃，對日本間諜縱橫東北，素表痛心。及據報，有可疑者三人過門東去，董派兵追執之。軍法官初鞫，中村狡稱蒙古商。董自審之，夜闌，燭暗，中村入；平視之，則士官同學中村震太郎也。董以日語逕呼中村樣（君）；中村作不諳狀；董趨前，握中村手，將以道勞苦；中村突躍起，擊董仆。二人搏，中村奮奪董所佩手槍，手及矣！董呼打打；衛士輒以步槍射中村，中頭，續中肩，遂肆。

事既出，搜旅篋，盡獲中村所繪興安地圖及調查報告；因殲所從人，聚焚於野。天明，電召關團長歸，語之，關均稱快，決議不上聞。顧中村偵查班有別道先發者，揭其狀軍部。時關東軍攻遼部署久已竣事，遂藉口中村事件，強硬交涉，少選而九一八事變以作。

先是，日軍索關團長亟；學良繫之獄，平輿亦走之滬。變次日，代東北保安長官榮臻釋關出，化名郭爾佳，赴新疆依盛晉庸（世才）爲縣長。七七事變之明年，董任馬占山將軍秘書，調榆林保安副司令，關任橫山縣長，余方與日寇間諜鬥，因時相過從談經驗，得筆記二君所自述者成帙，攝合影。去夏，寶雞初陷共，余著作被焚燬：此則則追憶者。勝利後，關董二君與余均返故鄉，關任馬占山將軍部少將參議，董任胡家驥司令部少將參議，今又流亡內地矣。關君似在江南，董君則遠羈共區，不得相與印證，曷勝於夷！

(三) 川島父女

「宗社黨」者，日本特務川島浪速「因」廢清「官人」而「用之」（註）之僞政黨也。肅親王善耆爲僞黨魁，蒙共巴佈扎佈爲僞武力，擾亂東三省，爲虎作倀，其姓質蓋與九一八後日本造之僞「協和會」（溥逆儀），僞「新民會」（王逆克敏）、僞「中國國民黨」（汪逆精衛），以及五四以後俄國造之僞「中國共產黨」（毛逆澤東）同科，均爲帝國主義在我國所扶植之第五縱隊——傀儡漢奸，假政黨爭政之名，作賣國利敵之實者。——蒙古李海山將軍之語余者，娓娓自此始。

海山君續云：僞「宗社黨」之初作亂，在民元二年間。初，蒙共巴佈扎佈（今遼北省彰武縣蒙人）稱兵錫林格勒盟（今察哈爾省北部）東部，已既有年。至此，川島奉黑龍會密令煽之，經蒙人根德（自稱「總統」，眇一目者串綴，接濟巴逆三八式步槍三千枝，裝以六套大馬車三百輛，日本特務三十人偕根德逆部三百名爲護衛，自南滿鐵路鄭家屯起運，輸向錫盟。道經瞻楡縣境，爲我吳統領俊陞所覺，繳收之。此即民初外交史上之所謂鄭家屯事件也。巴逆不得槍，僞「宗社黨」之亂乃告暫停。此役也，馬占山將軍實任哨官。

民五、川島復援助巴逆步槍三千枝，約曰：巴逆親率僞軍來接，日方不再護送；每槍且繳價牛五頭或馬五匹云。農曆八月，巴逆自老巢東來，經突泉，陷郭家店，傷吳俊陞，直抵南滿線，接收軍火。沿途大掠楡樹、懷德等縣，擄牛馬萬餘，以還川島。裹挾蒙漢土匪鉅萬，高張黃龍旗及僞「宗社黨」旗，稱「欽差大臣鎭國公」，揭文告，聲言「獨立」，「恢復滿清」。

巴逆僞軍及日本特務，竄擾今遼北省境達三四個月，劫糧米金銀不可以數，將運錫盟，建立僞「後清帝國」。時張雨亭（作霖）將軍所部國軍，大舉進剿，吾蒙古軍亦協同作戰。——筆者按曰：海山君時任達爾罕王府親軍統領，亦力戰當一面者。——冬，巴逆攻林西（在熱河省），挫於毅軍米振標而死；僞部遁海拉爾，復阻於蒙古軍，遂降於吳俊陞，編爲「黑馬隊」，達萬員名，首領號曰「白將軍」者。——僞「宗社黨」竟瓦解，而亂已五年矣。

在僞「宗社黨」醜劇中，川島芳子以小花旦登台，時特被動者耳。芳子者，僞黨魁善耆之第七女，原名芳英，拜川島爲義父。川島導演僞黨之際，要巴逆以親子甘珠爾扎佈爲質，住大連。甘珠爾扎佈方八歲，川島以芳子許之，訂婚焉。蓋抄襲春秋時代之「質子婚姻」，爲製造傀儡之故技，所謂「美人計」者是。

九一八事變後，川島趣赴瀋陽，住日本站大和旅館。芳子則已二十餘歲矣，豊裴盛鬋，媚光照人；川島則廋弱似獼。其名片絕不倫類，曰：「光緒皇帝乾兄弟（右），宣統皇帝管事的（左），」小字雙行，其下大字爲「川島浪速」。川島爲海山君談僞「宗社黨」二次「舉義」失敗經過，如上所記。海山君曰：「余竊自笑，當年剿平僞黨，固有李某在內，而川島不知也！」川島曰：「此爲弟三度舉義。前兩次余認輸矣；今度絕不會失敗，蓋宣統皇帝御駕即親征矣。」芳子侍，語海山君曰：「我是清國人，又是蒙古人，我們滿蒙是一家。李先生——您接受爸爸的勸告吧！眼看著您就是開國元勛呀！」畢，作媚笑，奉香煙。海山君爲川島糾纏月餘，計脫，逃返達旗，就張副司令（學良）所委之「蒙邊騎兵第一路中將司令」，以兵抗日者三年，親族死者十三名口，部屬犧牲者二十員名，私蓄萬頭，凡十四年不屈。若甘珠爾札佈，則在川島父女鼓勵援助之下，自民十六年任僞「內蒙自治軍總司令」。事變後任僞弟九軍管區司令官！率僞蒙古軍進攻抗日蒙古軍，以迄日寇投降僞滿垮台乃止。若善耆之子憲原，亦經川島豢養有年，僞滿出台後，任溥逆之禁衛團長、侍從武官、旅長、江上軍司令官等僞職云云。

海山君之語止此。余以求征馬占山將軍；馬將軍曰：「其語良信。雨帥（張作霖）與帥（吳俊陞字興權）進剿巴匪，實爲東三省抗日之最初一戰。當年如不剿滅巴匪，則僞『滿洲國』早北出現；固不必待諸九一八之後。徒以顧忌對日外交，祇可聲言剿匪耳。今日吾人對毛澤東作戰，亦復有當年東北軍之心情，正復有東北軍之苦楚。」

馬將軍被「掃地出門」矣！李將軍亦不知流亡何所！噫！

註：孫武用間篇「因其官人而用之」曰內間，即第五縱隊。

三、「因」政略之創造與運用

編者註：本文爲趙尺子先生所著「僞國家史」之第一章，原題爲「仲康和相」。就歷史創證，說明毛澤東僞組織之本質，夾敘夾議，借古鑑今，與前日本報社論「中美關係與共蘇關係」有關因國一段，互相發明——窮國在夏朝創造的兩朝傀儡

按照我們現在所有的歷史知識，只能考證出來世界上最古的傀儡政權是僞夏國的仲康和相這父子兩人。說這兩朝的僞政權是世界上最古的，因爲它們是發現在公元前二十二世紀，距離現在已經有四千多年了。

傀儡仲康是夏國（夏朝或夏族）開國始祖—禹的仲孫。他父親名啓，是禹的長子；哥哥名太康。扶植這個傀儡的國家是窮。窮國（中國歷史上稱她爲有窮氏）大約是遊牧在現今河南省北部和河北省的南部，那時地名爲鉏（今河南省滑縣）的地區。按周朝赤狄自狄的活動史推測起來，窮國當是狄的一種，可能系屬自狄。據史記正義說：「帝嚳以上世掌射正。至嚳、賜以彤弓素矢，封之挡鉏，爲帝司射。歷虞，夏，羿學射仐吉甫。其臂長，故以善射聞。」可見窮國是由一種力

大蝟長的善射民族組織成立的國家。歷經唐、虞。夏初名王朝，都是中原民族國家的附庸，受過封，堯時稱他爲「冀方」（見左傳襄四年），作過軍官（射王），相安無事。

但是夏國傳到第三代君主—太康卻是一個荒唐的傢伙，他好色、好吃酒、好聽戲、好修築樓台宮室，尤其喜歡作大規模的田獵（俱見書經：五子之歌）我們看左傳襄四年魏絳和我條內所引虞箴：

「芒芒禹邊，劃爲九州，經啓九道。民有寢廟，獸有茂草：各有攸處，德用不擾。」

「在帝夷羿，冒於原獸，忘其國恤，而思其麀壯，武不可重，用不恢於夏家……」。

太康「夷」平了窮國的「原獸」「忘其國恤」，這種幹法和遊牧民族的生產方法太衝突太矛盾了，自然會引起窮國的反抗。於是窮國的君主—羿就發動了一個「反侵略」的鬥爭。這個鬥爭，在太康十九年，即約在公元前二一七〇年開始。

我們從歷史上的經驗知道，傀儡政權被建立的主要「根據」是傀儡國家內官民的不滿和不平。只有利用這種不滿和不平，才能扶植起來一個傀儡，而不遭受當國人的反對。羿就是這種政略的創造者：他充分利用了夏國官民對於太康的不滿和不平。我們看書經虞書：「太康尸位，以逸豫滅厥德，黎民咸貳。乃盤遊無度，畋於有洛之表，十旬弗返。有窮后羿，同民弗忍，距於河。」太康一打獵便打了一百多天，耽誤了政事，也妨害了民生。那時候的夏民族，從歷史進化的歷程上推測，大概還在半農半牧時代，民衆也同樣需要田獵，維持生活。試想一國君主帶領幾千幾百官兵去遊獵，對於那幼雅的農村，是何等嚴重的長期騷擾？而且打獵了一百多天，必會把所有的獸類打光。他的圍獵，不僅和窮國的生產方法不能相容，就和本國民衆的生產方法也成爲矛盾對立的了。他耽誤政事，自然會引起貴族和官吏的不平和不滿；妨害民生也會遭受民衆的不滿和不平，結果掌曆的義和和一般民衆便「咸貳」了，「弗忍」了，造成羿扶植傀儡的「根據」。

太康在自己的國內造成了「反昏暴」的局面，這局面被「反侵略」的窮國后羿利用起來，於是「因民弗忍距於河」的歷史被寫出來了。左傳襄四年魏絳也說：

「昔有夏之堯也，后羿自鉏遷於窮石，因夏民以代夏政」。

這樣太康便被趕出跑到陽夏（今河南省太康縣）作了亡國之君。歷史裡保留著他一支悲哀悽切的歌子：「嗚呼曷歸？予懷之悲！萬姓仇予，予將何依，鬱陶乎予心，厚顏有忸怩。弗愼厥德，雖悔可追？」

夏國在事實上也算被窮國所佔領。這裡有一段敘夾議：就是上文引用的兩個「因」字。（「因民弗忍」和「因夏民以代夏政」）讀者千萬不可輕輕看過。這個「因」字和仲孫湫所謂的「因重固」及孫武在孫武子十三篇所述組織「內間」「鄉間」（間諜）所用的「因」字，同是政略史或戰略史上的大秘密。用現代註語譯起來，「因」就是「利用」，也就是「收買」。「因民弗忍」，就是利用他國民衆的不滿和不平。惟有利用他國民衆的不滿和不平的情形，才能組織傀儡政權。僞國、僞黨、和僞軍，也惟有如孫武所說，「因其鄉人而用之」，「因其官人而用之」才能在他國之內扶植「內間」和「鄉間」和第五縱隊。「因的政略」或「因的戰略」實爲四千年以來——羿以來世界史上許多傀儡政權，僞國、僞黨、僞軍、間諜——總名爲第五縱隊的東西的組織要領。

話往回來說：窮羿「因民弗忍」佔領夏國，趕跑太康之後，他並沒有在名義上來統制夏國，滅亡夏國；他卻把太康的二弟——仲康——扶上寶座，表面上作了夏國第四代的王，而把自己放在仲康座後操縱著這個世界史上最古的傀儡。

仲康被立十三年死了，比僞「滿洲國」的傅儀多了一年，比僞「中華蘇維埃共和國」的瞿秋白到毛澤東少了十五年。仲康的兒子——相，接著作第二代傀儡，這和瞿秋白死了，毛澤東接著作赤色傀儡，也是千古同撥的。羿掌握太康，比掌握相似乎寬假得多，我們看仲康還有派遣胤侯征討「黨於羿，同惡相濟」的義和一事，致「終仲康之世、羿不得的逞」（見通鑑輯覽林之奇註）可知這個傀儡還保有一大部份主權。但到了相，便一蟹不如一蟹，即位第一年，就被羿所逼，遷於商邱（今河南省商邱縣）去了。按：夏國的首都，禹即位時本在安邑（即山西省西南的夏縣；太康跑到陽夏。已住到了今河南省的太康縣，由北向南過了黃河。仲康的僞首都便被遷到陽夏來。到相被逼遷到商邱又由西向東邁了一大步。我們推斷，羿把他的兩朝傀儡從西北移到東南，又從西方移到東方，是爲了接近自己的國境（窮國在今河南省），容易控制。這個推斷，不妨看作是正確的，因爲眼前就有例證僞：「中華蘇維埃共和國」的僞首都，便會由瑞金遷到延安，由延安遷到張家口，由張家口搬到佳木斯。

傀儡相的命運愈來愈壞：在第八年上，對他較爲客氣的羿又被浞殺了，浞變成僞夏國的新統治者，相在過了二十八年的悲劇生活（然而是傀儡劇）之後，命運壞到了頂點，浞不再玩這傀儡，到底又派澆把相殺了。浞導演了二十年傀儡劇，又幹了四十年君王，君臨夏土，下邊就接到少康中興，夏國光復。夏民族先後被窮族寒族踐踏了九十二年（公前二一七〇—二〇七九）。僞夏朝兩個傀儡，其被立五十二年。

是的，歷史自己不會重演；卻是後人學了前人的乖，重演歷史。浞殺羿，正可看作「教會徒弟，餓死師傅」：浞是羿的一個好學生。我們在上文說明這「因的政略」是羿發明的，他建立了僞夏國扶植了傀儡，主要是利用「因民弗忍」和「因夏民以代夏政」兩種政策，通鑑輯覽：「羿……因夏民以代夏政，恃其善射，不修民事，而淫於原獸，棄武羅，伯因、熊髡、尨圉——四人皆羿之臣——而用伯明氏——寒國之君——之讒子寒浞，使爲己相。浞行媚於內，施賂於外，愚弄其民，而娛獵於田，樹之詐慝，以取其國。——內外咸服；羿猶不悛，將歸自田，家家逢蒙——路史作龍門——殺而烹之」。浞就這樣「施賂於外，愚弄其民」，又創造了一個建立僞國家即第五縱隊的基本原則，正和日本收買汪精衛，德國收買吉斯林，第三國際收置瞿秋白和毛澤東，欺騙無知的民衆同爲一種手法。最後弄到「內外咸服」，也就是僞夏民衆對羿有了一個新的「弗忍」於是由浞所組織的第五縱隊刺客也就是羿的僕人名叫逢蒙的人，殺羿而烹之，僞裝成爲一個「民主」的民變，羿，這個第五縱隊的創始祖，誠然是作法自斃的了。

故張蔭麟教授的中國史綱第一册（浙大石印本）第八頁有與拙作相同的一段：「夏朝最大的事件，是與外族有窮氏的鬥爭。有窮氏的以鉏（今河南滑縣東）爲根據地，當啓子太康時，攻佔了夏都（時在斟鄩），以後統治了夏境至少有六十七年，太康逃居於外。有窮氏以次立其弟仲康及仲康子后相爲傀儡，后相繼被竄逐追殺。後來相的遺腹子少康，收聚夏朝的殘餘勢力，乘有窮氏的衰弱把他滅掉，恢復舊物……」張先生指出仲康和相爲傀儡，這實是先得我心，也可見我的研究不是一家之言，關門杜撰。不過他的原文兩點失考之處：一、僞夏國的兩朝傀儡，實被立五十二年，不是「六七十年」，被統治先後達九十二年。二、少康中興是打倒寒國不是窮國，原文說「乘有窮氏的衰弱，把他滅掉」，也是一點錯誤。（僞國家史第一章）

——三七、四、廿谷、瀋陽和平日報

四、釋或不因

民國三十六年春，在北平寫「春秋奔納考」。於穀梁傳莊公三十年，發現「因國」一詞，原文云：

「桓，內無『因國』，外無從諸侯，而越千里之險，北伐山戎：危之也。」

後，查出禮，王制篇上也有這一名詞：

「天子、諸侯祭『因國』之在其地而無主後者。」

漢儒註王制篇的「因國」云：

「因國，謂所建國之地，因先代所都之故墟也。今無主祭之子孫，則在王畿者，天子祭之，在侯邦者，諸侯祭之，以其昔嘗有功德於民，不宜絕其祀也。」

似乎不免望文生義。晉、范甯註穀梁傳中的『因國』，卻云：

「內無因緣山，戎左右之國爲內間者。」

兩說相歧過遠。范君爲一千五百餘年前的穀梁傳集解作者，清儒阮元對他稱許備至，具見穀梁傳集解阮序。我在論語皇侃疏上，看見所引范君註「仁者先難而後獲，可謂仁矣」一條云：

「艱難之事，則爲物先；獲功之事，則爲物後：則爲仁矣。」

似乎遠較朱子四書集註爲優，曾謂范君爲古代第一流註疏家，深通古代兵學與武德。依范君註，所謂「因國」即僞國家，僞政權也。所以我在「春秋奔納考」裏有關「因國」項下，曾註云：「僞國家」，這是六年前的事了。

迨三十九年春，曾以有關「因國」註事，請益於甲骨學大師彥堂董先生。承自殷墟書契前編五、三十八、三抄寄三字，就是本文標題的三個甲骨文字（標題鋅版係董先生手蹟）。原函曾發表於反攻半月刊七期，釋此三字爲「戠不因」，並謂：「因字用法，不甚明晰」，又云：因字「似爲動詞」。甲骨文發現五十年，可識者僅千餘字。這三字裏的第二字「不」字和第三字「因」字，已可認定，不成問題，「因」字確是動詞，即是「姻」字，詳見拙作因國史；但第一字釋爲「戠」，似乎不無可商，第一、右上方自是「戈」字，左下方如係「音」字，則甲骨原字缺筆頗多了；第二、「戠不因」三字連用，不成文理。我又函董先生，謂「弍」字可否釋爲「貳」字？使全文成爲「貳不因」三字？以據荀子天論：

「修道而不貳，則天不能禍。」

他本「弍」字作「貳」字，則「弍不因」即「貳不因」，左傳及舊約上不乏其解，之理便極通順了。嗣得覆函云：

「戠，即識，乃是舊說，非予所創。因全部文字總整理，尚須有待也。」（四十年九月一日）

原函是不同意用「貳」釋「或」字的，但似亦未滿舊譯爲「戠」。其後我也覺得用「貳」固較「戠」爲尤形似，但僅交代了一半即「戈」字，沒法確解，另一半即「口」字，蓋以「貝」釋「口」仍多了好幾筆也。

不久以前，爲學員講「因國」，我說毛澤東的僞「中華人民共和國」，是俄帝在中國導演的「國家內的國家」，就是僞國家、僞政權、僞組織，用古代名詞講，便是「因國」。前後凡講五十小時，稍稍用功，豁然貫通：「或」字原來就是「國」字，不覺距躍三百。

查甲骨文「國」字寫作「或」，篆文寫作「國」，楷寫寫作「國」，這等於一幅圖畫：「國」字四圍的「口」，指領土的四至——古代便象城牆——口內「戈」字暗表人民，而且是荷戈的人民，「且」字係祖字，即木主，也就是宗廟，指政府而言。這一字裏，畫著土地、人民和主權，便是翟林克所倡的立國三條件說了。孔子的論語說：「有人民焉，（有土地焉，）有社稷焉，何必讀書，而後爲學？」孟子云：「諸侯之寶三：土地、人民、政事，」左傳云：「國之大事，在祀與戎，」這三家都講國家有三條件，比翟林克早了幾百年，這是政治學史上可以自豪之處。——

——甲骨文「旺」字——左指政府（用木主作表徵），右指人民（用戈矛作表徵）；「或」字，左邊也指政府，「口」當於「日」，同係木主；右邊也指人民。甲骨文每字結體有多至三十餘式者，據余所見，「國」字結體並此僅有三式耳。

然則「」即「國不因」，三字連釋，就是本國的太子不和外國的宮主結婚。上文說：「因」即「姻」，殷代「兒女親家」寫爲昏因，周代則寫爲婚姻。古代原本流行族外婚，甲族的女子嫁給乙族，乙族當可稱甲族爲「因族」，甲國的宮主嫁給乙國的太子，乙國便稱甲國爲「因國」了，爾雅云：「壻之父爲姻，婦之父爲婚」，說文釋姻，云：「壻家也」，故婦之國稱壻之國爲「因國」，上引王制篇的「因國」，本誼便是如此。婚姻既是「兒女親家」，則「親家」死了，壻亦無後，沒人主祭，所以天子、諸侯便該去祭祀一番了，可見漢儒註釋是望文生義。但後來「因國」發生了流弊：甲國把宮主嫁給乙國的太子，生下孩子，恆被甲國利用來作爲傀儡，如殷墟書契後編下・四十二・三所載「翌啓因」三字，便是確証，東方西方，例可得百，有暇當一詳釋，故「因國」又如范君所註，成爲「內間」之國了。

——四十一年三月十六日作，載二十二日中副。

五、章太炎與「東北」

今世未聞有「西北人」、「西南人」或「東南人」；獨於遼吉黑（有時熱河亦在內）三省人呼之為「東北人」。日昨一小同鄉憤然來告，出營門時，衛兵詰知渠為「東北人」，面語渠云：「東北人不是人！」西安事變後，余亦親聞一浙籍軍官云：「東北人有一連兵便敢造反！」此說也，倘特與最近昆明事件相提並論，而謂「西南人造反！」則未免全稱肯定，抑亦太誤會矣！

按：「東北人」三字與東北一詞有連。我國古籍指醫無閭山系為東北。查周禮王制及爾雅，東北固與西南、東南、西北諸詞共列，示周代人之地理觀者。當地人初不自稱東北及「東北人」。據余所聞，始名遼吉黑為「東北」者則為章太炎先生。

蓋　國父創同盟會於東京之際，今黨國元老遼寧省黑山縣朱霽青先生曾加盟；並取得清駐日公使汪大燮護照，返其故鄉，組織綠林。親裝炸彈，不慎，毀斷左中指及無名指。先烈宋純和（教仁）先生，得　國父俞准，應東三省同志邀，自大連上陸，視察革命軍藍秀豪（天蔚）、商啓予（震）及朱霽青等部，時在光宣之際，固尚稱為「關外民軍」也。

民二，本黨討袁，決起「關外民軍」以撫北京之背，霽青先生等公推居覺生（正）先生爲之長，初仍稱「關外民軍」，設總部於大連，總裁時任中校參謀。後民軍自山東龍口登陸，集結濰縣，以其既遠離東三省，不可再用故名，覺生先生以詢寓滬之太炎先生，章先生引經據典，名之爲「東北民軍」，覺生先生任總司令，霽青先生任第一師師長，擁有中國第一架軍用飛機：此爲二千年前「東北」一詞重現之始。「東北民軍」嗣被段祺瑞繳械，朱先生且繫濟南獄者數年。

六、東北薩滿教

東北民間有一頗具勢力之宗教，名薩滿教，俗稱「跳大神」。「跳大神」者，或男或女，著特殊披掛，腰繫鍘刀八把或十二把，巨釘穿兩肩透肉，前後亦各繫鍘刀兩把。坐立所謂「刀轎」上，赤雙趺，踏鍘刀刃上，股下亦有鍘刀一。刀爲農家切草飼畜用者，重各十餘斤，刀鋒利。數人舁「刀轎」行，跳者擊大圜鼓，且歌且舞，刀盤旋如風中葉，謂之「出馬」。所降「神」有「胡大海」（狐）、「黃三太」（黃鼠狼）等目，均狐狸、黃鼠、豆鼠、艾鼠、蛇類。既「出馬」，稱能爲人驅邪治病，「看香」（說預言及詹卜），「畫符」、「念咒」。愚夫愚婦，至爲之五體投地。余旅行東西蒙古凡十五年，又睹喇嘛教中有所謂「黑喇嘛」者，自稱「密宗」，其「畫符」、「念咒」、「看香」，均與薩滿教同。以詢內地佛教徒之奉密宗者，知其術亦相類。然則薩滿教，「密宗」喇嘛與佛教之密宗，殆一元演化者？

勝利之明年，談馬元材君所著秦史綱要，共自序曰：

「三十年秋，始識『禁不得祠』之『不得』即爲『浮圖』。又逾二年，至本年春，始識『羨門』即『沙門』、『安期』即『阿耆尼』……」

此係詮釋遷史秦始皇本紀中諸詞者。結論謂「佛教秦時已流行中國」。馬君新解「不得祠」、「羨門」、「安期」三詞，確極精湛；顧依余考證，佛教（特別爲密宗）殆先入匈奴，傳至今而成蒙古之喇嘛教；一支入秦，爲始皇所禁；一支進抵古代東北，再轉而入於山海關。

查歷代三寶記所引朱士行經錄，謂秦王政四年，西域沙門室利房等十八人始齎佛經來華；王怪其狀，捕之繫獄，旋放逐回國云云。歷代三寶記，隋費長房著，去古未遠，誼當可信。始皇政與印度阿育王同時。阿育王定佛教爲國教，派教徒二百五十六人，南至錫蘭，北迄中亞，四出傳教。時，匈奴騎踪早已東達遼東，西抵中亞，則佛僧隨以俱來，先入匈奴，轉而入秦，被逐以去，自屬可能也。

佛教經匈奴入東北之一支，或即所謂「羨門」（沙門）當亦即薩滿教（沙門教）之原始典型也。據始皇本紀云：

「……三十二年，始皇之碣石，使燕人盧生求羨門高誓，刻碣石門……始皇巡北邊，從上郡入。燕入盧生使入海，還以鬼神事；因秦錄圖書曰：『亡秦者，胡也。』……」

碣石，水經註：「絫縣碣石山，枕海，山有大石如柱形，世名天橋柱。」即今之秦皇島。始皇在今秦皇島，使今河北省人盧生入海求「羨門」，即乘船赴東北求沙門，則佛教已入東北之一證也。盧生還奏「亡秦者，胡也。」自屬侍達「羨行」（沙門）之言，即今薩滿教「看香」（預言）

之術。此言激怒始皇，爲三十三年大舉逐胡張本。始住殆由「胡」字聯想匈奴，可證沙門住於匈奴中；時匈奴固早已遊牧遼西遼東矣。此二證也。

憶二十年前，胡樸安先生創「墨翟爲印度人說」，舉「墨」爲黑色人，即印度人、「翟」爲外國人、「摩頂」爲和尚頭、「放踵」爲赤趺，「明鬼」爲小乘諸證。後已爲人所駁。今依馬君說，則胡君說不無新證。抑墨者之學（非指本經）中固雜有佛教密宗成份，或以墨者之鄉近於碣石，碣石近於東北乎？

「羨門」、沙門、薩滿、喇嘛、殆梵字一音四譯者也。

七、嫦娥奔月

諸位先生！諸位女士！請你看那月亮，左邊是一片芬芳的桂樹林，上方是濃綠的陰影；桂樹下，一隻身高數尺長約兩丈的玉兔，在用杵頭擣著靈藥；桂樹陰中是一座美麗莊嚴的蟾宮，宮中的女主人，名字叫作嫦娥，她住在那兒，大約有四千零八十多年了。她自從吃了西王母的長生不死的靈藥，便一直住在那兒。

現在，諸位先生，諸位女士，請你不必再看那月亮了，聽我給你講她的故事。你們一定在心裡想，她為什麼住到月宮裡去了呢？原來，她是后羿的太太。人，長得非常漂亮，后羿很是愛她！她也很愛后羿。但是，這種兩相恩愛的生活，過了不到十年，她在思想上起了變化，不再熱愛后羿了，而且特別反對他了。你們必要問我了！為什麼嫦娥又不愛后羿了呢？

這因為后羿變成史太林型的獨裁者兼侵略者了。后羿是有窮族的酋長。有窮族在四千多年以前，住在今天河北省和河南省一帶。那時的中國正是夏朝，由夏禹王的孫子，名叫太康，作著夏朝的天子。這個有窮族的后羿，卻一心一意地想著呑併夏朝，正和今天的史達林一般模樣，想著吞併中國。后羿怎樣吞併夏朝呢？他先把女兒嫁給夏禹王的兒子帝啓，和夏禹王攀成兒女親家。帝啓的元妃生下太康，后羿的女兒也生下中康，中康和太康是異母兄弟，中康也就是后羿的外孫子。當太康繼承帝啓，作了夏朝的天子的時候，中康也被封到西河（陝西）去作諸侯了。於是后羿嗾使中康，和哥哥太康爭奪天下，從太康十五年就打起「內戰」來了。后羿一方導演夏朝的奸臣，名叫羲和，也稱兵「獨立」。如此這般，便把太康打敗了，趕跑了，躲到今天河南省的太康縣去，所以那一縣便叫「太康」，直到今日。中康從此作了僞夏朝的「天子」，羲和也作了僞夏朝的「大臣」；但后羿卻以外祖父的資格，作了中康的「太上皇」，便是「父皇帝」，中康只落得一個「兒皇帝」。夏朝的土地，變成有窮族的領土，夏朝的人民，變成有窮族的奴隸，夏朝的主權，也變成后羿的主權，后羿便是古代的史太林，中康成了傀儡毛賊東，羲和之流只是張治中、程潛、陳明仁一類的小丑了。

后羿用這種偷天換日的方法，吞併夏朝以後，心滿意足，便荒淫無道起來。他又打算長生不老，像今天史太林要用蘇打水洗澡，后羿便帶著嫦娥，和親信的龐門，到西王母那兒去討長生的靈藥。西王母給了他兩包長生的靈藥，並且說明著，吃這靈藥的時候，還得另找玉膏來作藥引，而這玉膏卻在另一國家。這時嫦娥私下向西王母說：「這藥若是沒有玉膏用引，但同時吃下兩包，該當怎樣？」西王母當下已經看出嫦娥心中反對后羿，不再愛他，便回答說：「若是吃下兩包，便可白日飛昇，去作神仙了。」

他倆離開西王母國，到別一國度去找玉膏，住在旅館。后羿上街遊玩去了，嫦娥守護著長生的靈藥，她一邊想著，如果這個侵略的暴君，認眞長生不老下去，世界上便不會太平，夏朝也不容易光復了。……想到這兒，她便把兩包靈藥囫圇吞下，只覺得身輕如燕，栩栩起飛。那天正是八月十五，天清夜朗，萬里無雲，只有一片光明圓滿的月亮，高掛碧空。她便逕向月宮飛去，永遠地遺棄了后羿這個侵略的暴君了。

等到后羿倦遊歸來，一看嫦娥不見了。旅館裏原有一位算命先生，是昨天替嫦娥看過星命的，后羿一問這位算命先生，才知道嫦娥獨吞了長生靈藥，飛往月宮。他這一氣，非同小可，一邊大罵嫦娥，一邊又去找西王母，想著再討兩包長生靈藥，好飛到月宮，去射嫦娥。途中經過弱水，他在等船。看到岸上坐著一隻玉兔，身高數尺，長約兩丈，正在玩月。他便對牠射了一箭；不提防自己身後，忽地飛來一箭，恰好射入后羿的後心，他便倒地身亡了。這一枝暗箭，從何而來？原來是他的親信龐門射的；龐門也早就思想變化，想著叛變這個侵略的暴君了。

諸位先生，諸位女士，你們看，后羿——這個四千年前的史太林，愛人叛變了，親信也叛變了，眞是應了一句俗話：衆叛親離。以後，玉兔也飛昇到月宮去了，你看，牠還在那兒搗藥。夏朝在后羿死後，出了一位中興的令主，名叫少康，畢竟打敗了有窮族，光復了夏朝的大陸。

——四十一年十月一日載於中副

八、「北門」三章今譯

出自北門，憂心殷殷。
終窶且貧，莫知我艱。
已焉哉！
天實爲之，謂之何哉？

王事適我，政事一埤益我。
我入自外，室人交徧讁我。
已焉哉！
天實爲之，謂之何哉？

王事敦我，政事一埤遺我。

我入自外，室人交徧摧我。
已焉哉！
天實爲之，謂之何哉？

這三首詩，題爲「北門」！我在詩經的邶風。風，民歌也。邶，國名，和鄘，衛兩國，原是殷朝的本土。公元前一一一一年（用董彥堂說），周武王呑滅殷朝之後，把殷朝國都附近的土地分作三塊，朝歌以北的一塊，封給紂王的兒子祿父，殺其父用其子，名之曰邶。以東分給管叔鮮，名之曰衛。以西封給蔡叔度，名之曰鄘。用衛、鄘包圍著僞邶國，另派霍叔處坐在祿父的寶座之後，監視著這個傀儡。祿父的國家，用今天的眼光看，實是「因國」了。僞邶國建立九年之後，祿父和管叔鮮、蔡叔度、霍叔處，舉起「抗周」的大旗，今山東，蘇北一帶的殷朝封國五十多個，也起來響應。這場自由對侵略的戰爭打了四年多，還是周朝勝利了，周公殺死祿父和管叔鮮，囚禁了蔡叔度，把霍叔處廢爲庶人。到周朝共和元年（公前八四〇年），只剩一個衛國，邶、鄘業已淪爲衛國的附庸，所以到了詩經結集的時代，邶風十九篇和鄘風十篇雖然還列在衛十篇之前，但詩中所述已都是衛國的情事了。朱熹說：「邶、鄘地既入衛，其詩皆爲衛事，而猶繫其故國之名，則不可曉」（詩經集侍）；如用上述的附庸說，這也是解得通的。

孔門師說：這三首詩是「刺士不得志也」，朱熹也說這是「言忠臣不得其志」（上揭書），好像是詩人刺時之作。但就近代的文學眼光看—原詩只是一位公務員的自敘詩。他在家裡受了太太的氣，走出北門去漫步，信口叨叨了這三首詩。試用白話翻譯下來，大家一看便會懂得了：

走出了北門口外，
憂愁的心跳得七上八下。
我已窮得要命了，
政府還不給我想辦法。
算了罷！
這實在是天老爺的安排，
我還能說什麼話？

政府把公事交把我手，
業務一堆堆地壓住了我。
我下辦公回到家裡，
老婆孩子卻輪流地罵我。
算了罷！
這實在是天老爺的安排，
我還有什麼話可說？

政府的公事逼得好緊，
業務一堆堆地移送給我。
我下辦公回到家來，
老婆孩子又輪流地打我。
算了罷！
這實在是天老爺的安排，
我還有什麼話可說？

譯文不能算好。尤其是把「王事」譯作「政府的公事」，實在是辭不達意。因爲那時代的所謂「王事」，指著戡亂或對外作戰而言，倘若直譯，未免用字太多，只好由它了。——這位作者，不但是一位公務員，而且一定是服務中央機關的高級公務員，否則不會承辦「王事」的。他不但一貧如洗，而且思想絕無問題，這看他第一首先是對政府大發牢騷，但馬上改口說：「算了罷！這實在是天老爺的安排。」一位信天由命的人，是不會不忠貞的。而且他也不見得是眞怕老婆，第一、自己窮，當然不能不對太太低頭，老婆嫁給作公務員的，不也是最倒霉的？第二、他說「這實在是天老爺的安排」，窮，自然是天老爺安排的，窮公務員而娶一位橫暴的太太，這當然也是天老爺安排的了。我相信，他唱罷這三首詩，一肚皮的氣洩了。第二天一定又忠忠實實地去上班，不會跳到第幾號水門裡去的，這是讀經的人大可放心的。

正因爲作者是一位高級的公務員，我們由這一點上也可以推測成詩的年代。這詩列入邶風，可能是祿父反正時代的作品。祿父作了狄托，而且把周朝派來的「大使」、「顧問」管、蔡、霍也拉來一道叛周，這眞不是小事——直得稱爲「王事」的。他們四位的「抗周」之戰打了一年多，政府當然發不出薪餉來，難怪高級公務員都「窮得要命」了。但這位公務員正爲了這是「王事」——中興事業，才能見其大者，託之天命，努力克難。而這詩前後各篇皆談衛事，也可能是邶國淪爲衛國附庸時代的作品。衛國屢受北狄的侵略，政府流亡楚丘，文公大布之衣，大帛之冠，艱難創業，精誠感召，當然會產生這樣作品。這此詩編在「日月」（州吁作亂）之後，「二子乘舟」（伋壽爭死）之前，卻正是衛國內政不修，宮廷淫亂的時代。這樣時代還能有這樣的公務員，誠如朱熹所說：

「楊氏曰：忠信重祿，所以勸士也。衛之忠臣至於貧窶而莫知其艱，則無勸士之道矣，仕之所以不得志也。先王親臣如手足，豈有以事投遺之而不知其艱哉？——然不擇事而安之，無懟憾之辭，知其無可奈何，而歸之於天，所以爲忠臣也。」（前揭書）

確是値得稱爲忠臣的了。

這詩譯成白話之後，一位小朋友來提出異議。他是一位政士，克難英雄，忠實的不發牢騷主義者。他說：「莫知我艱」上面的缺位主詞不應該譯爲「政府」，這是向政府發牢騷。這應是說他自己的老婆孩子們「莫知」作者之「艱」。仔細一想，這位小朋友的話不無理由。譯詩本是難事，很不容易忖度出當時作者的正確心境來。因囑咐他試譯一下。隔日，他送來譯稿，意境韻味眞比我好，特爲介紹如下：

沒精打采地走出了北門口，
這顆憂愁的心呀冷得發抖。
我已窮得沒有新台幣和金條，
我的太太還不曉得我一文無有。
算了罷！
這都是中共搞的，
我還能說個啥？

反共抗俄的責任落在我的肩頭，
一堆堆的公事壓得我大汗直流。
拖著疲乏的身子回來吃口午飯，
我的太太卻指著我罵個不休。
算了罷！

這都是中共搞的，
我還能和她對罵？

反共抗俄的公事急如星火，
公文電報擠滿了我的辦公桌。
好不容易盼得下了晚班，
我的太太又披頭蓋臉地打我。
算了罷！
這都是中共搞的，
我還能和她對打？

——四十一年八月十六日，載中副

九、「葛藟」三章今譯

綿綿葛藟，在河之滸。
終遠兄弟，謂他人父。
謂他人父，亦莫我顧。

綿綿葛藟，在河之涘。
終遠兄弟，謂他人母。
謂他人母，亦莫我有。

綿綿葛藟，在河之漘。
終遠兄弟，謂他人昆。
謂他人昆，亦莫我聞。

這是詩經上的葛藟三章。傳爲孔門所訂的詩小序，說這些是「刺平王」的詩。我民國十一、二年初讀詩經時，曾經問過我的老師。我說：「據史載，犬戎作亂，焚燒鎬京，弑幽王，殺褒姒；周平王得鄭魯諸侯之助，東遷洛邑，是爲東周，可見平王是一位中興的令主了。然則詩人何以還要諷刺他？而且『謂他人父』云云，就是把別人叫爸爸，這也不是好意思。」我的老師也未能作答。直到二十七年，我到了陝北，看到葛藟，也看過了毛澤東的作風，才懂得這詩所以爲「刺平王」詩的道理。

葛藟，在陝北以至全陝西，是到處都有的。查詩經草木疏，說牠「蔓生原野，或延緣樹木，引蔓甚長。葉背色白，莖有白汁。秋初實，青黑色」云云，這疏未免簡略。牠在陝西名野葡萄。河邊、沙岸、陰濕之地，正是牠們的天下。蔓長二三丈，旁生橫引，一本可以蔓延一天片。遇到高草。灌木乃至大樹，牠便攀援上去；在平地便向前儘爬著。葉，類似葡萄，作粗短的五指形，正面深綠色，背面白色。莖被折斷時，溢出白汁，味苦，性黏。結實纍纍成都魯，粒小如黃豆，夏天色綠味苦澀，秋初變深綠，仲秋便成黑紫，酸甜可食。據說有毒；但牧童牧女不管這些，還是摘下來吃，看來滿有野趣。冬天，牠黃枯了；明年又復活起來。實中有子，我曾試在庭園中下種，連試三年，也未見長苗。眞涅槃室窗外的一株，爬滿東牆，還是從無定河邊上接剪而來的。因爲牠是蔓生，故名爲葛；因爲多實，故名爲藟；因牠遍生陝西，故成爲西周詩人起興的東西了。這種植物，必須依附他種草木，才能站得起來，自己是不能「獨立」的。當年詩人，想像著牠們為了請求他種草木幫助自己站起，而向大樹叫爸爸，向灌木叫媽媽，向高草叫「老大哥」，因而聯想這很適合周平王的性格和勾結外國人，便唱在他的詩裡了。

平王名宜臼，是周宣王的太孫，幽王的太子——幽王和申后所生的混血兒。申后出於申戎。當時申戎游牧在今天河南省南陽一帶，屬於羌種。她原住甘肅；什麼時候游牧到河南平原上來，於史已經失考。在周孝王時代，她聽命周朝，作過「志願軍」，打過西戎，這說明她和周朝的關係還好。但到了宣王四十一年，也和周朝打起仗來。今本竹書紀年載這一役，說是周兵敗了；而後漢書西羌傳卻說「王師征申戎，破之。」打過仗後，申侯的女兒和宣王太子宮湦（即幽王）結了婚，生下宜臼。按古代史的成例推斷，第一、凡屬把女子嫁給敵國的國家，大多是戰敗國，可知申戎是被周朝打敗了的；第二、戰敗國必謀向戰勝國復仇，兩國雖然「和親」，但國交總是壞得不堪，可知申戎對於周朝是在想著乘機報復的。

正在申戎企圖報復的當兒，恰值幽王寵褒姒，立伯服為太子；廢太子宜臼便逃到外家申侯那裡去了。——這在歷史的觀點上看，便是勾結異族去了。申侯得到這宗「奇貨」（宜臼），正好藉口號召諸侯，實際是打著周朝和申戎之間的不斷戰爭，向周朝開釁。於是申侯在幽王九年，聘西戎和鄫戎，組織「志願軍」，並利用宜臼出名，要求魯、許、鄭各路諸侯，共同出兵，攻入鎬京，弒幽王，殺伯服，掠褒姒，打倒周國的中央；宜臼便由申侯和軍閥們扶值起來，稱為平王。——葛藟這三章詩，正用這上面的史實，作為背景。宜臼「謂他人父」，弒了親父幽王；「謂他人母」，殺了庶母褒姒；「謂他人昆」，也殺死庶弟伯服。我們感謝孔子沒有刪掉這三章詩，而且序明是「刺平王」的，到十幾年前才理出這一段歷史。那時我住在陝北，去延安很近，親自看到毛澤東「謂他人父」，近二三年來更聽到他滿口「老大哥」、「勞働祖國」云云，越發覺得葛藟三章的大有味道了。

王辰元旦試筆，把這三首詩譯成近代的語體，譯文較之原作，太少涵蓄，還請友人們指教了：

軟綿綿的野葡萄，
生在河涯。
倒底是疏遠了兄弟，
把外國人叫作爸爸。
把外國人叫了爸爸，
外國爸爸也不把我當人呀！

軟綿綿的野葡萄，
生在河涯。
倒底是疏遠了兄弟，
把外國人叫作媽媽。

把外國人叫了媽媽，
外國媽媽也不認我作兒呀！

軟綿綿的野葡萄，
生在河涯。
　倒底是疏遠了兄弟，
把外國人叫作「老大哥」。
把外國人叫了「老大哥」，
外國「老大哥」也看不起我！

——四十一年二月，中副

十、「羅刹」續考

去年，我爲本刊（中副）寫一小文，題爲「羅刹與斯拉夫」。莊申先生讀拙刊後，也在本刊發表「羅刹考」，我們的結論是一致的，即當年譯者將Russ譯成羅刹這個惡名，是反共抗俄的表現。近得莊申先生函，抄示史料一段，很有價値。他函引唐會要四夷附錄云：

「鴻臚卿、王忠嗣、案西域圖，其北陀、拔恩單、東都盤、西沙蘭、南大食；羅刹支是其人之稱。」

這一段史料是標舉「羅刹友」的四至：北至陀拔恩單、東至都盤，西至沙蘭、南至大食。大食即今伊朗；沙蘭之「沙」可能係波蘭的「波」字之誤；都盤當即今土庫曼；陀拔恩單即拓跋恩單，係鮮卑人在烏拉山西部所建之國，位於窩瓦河與烏拉山之間，一五五二年，始被俄國伊凡四世所呑併，共遺民於一九一七年俄國革命後，建契丹共和國，即中央社所稱「切秦共和國」，香港時報則譯爲「車臣共和國」者，尙有人口三十萬，近年已被俄人整個消威。我們倘就地圖上伊朗之北，波蘭之東，土庫曼之西，契丹共和國之南，尋覓所謂「羅刹支」，共爲今之俄羅斯，蓋無疑義。

按：唐會要計百卷，收入四庫全書中，宋王溥著。初，唐、蘇冕嘗次高祖至德宗之事爲會要四十卷；揚紹復等又採德宗至宣宗之事談成四十卷；至王溥補輯宣宗至唐末之事，乃成此書。分自五百四十。舊本殘缺，佚失四卷。別本有補亡四卷，不著撰人姓名，清初編輯四庫全書時，併錄爲百卷，在王溥分目下各註「補」字，以示不混。鴻臚師係北宋以前掌理外交的官員，似相當於今之無任所大使，故王忠嗣爲非唐朝人，至少必爲北宋以前人。北宋以前的王忠嗣已見過「西域圖」，當爲吾國最早的西洋地圖。西漢張騫所作有關今中央亞細亞的報告，引入史記大宛傳中，只有道里方位，而沒有圖志，到王忠嗣已可「案西域圖」，這看出北宋以前鴻臚卿已有地圖可用，當然是古時地理學上一個値得欣慰的事。尤其是我們可從這段史料上查明至少八百餘年前「西域圖」已把俄羅斯譯成「羅刹支」（「支」係S的音譯，表多數者），義爲一群「羅刹」，則中國人對俄羅斯一向不懷好感，也可看出消息來了。

十一、羅剎和斯拉夫

清朝初年，把侵入黑龍江流域的俄羅斯人，喊作羅剎人。清，一統志：「索倫、達虎爾二部，居額爾古納河及靜溪里江之地，與羅剎接境。」爲羅剎譯名最早的文獻。當時的學者，對於西方人名地名的翻譯，十足表現了中國文化的慈祥性，也保留著中國文學的美麗性，這就美利堅、英吉利、德意志、葡萄牙……等詞，可以爲證；惟獨對於俄羅斯，譯成這個惡詞，想來不是沒有若干道理。

俄羅斯，英字寫爲 **Russia**，就是今天「俄羅斯社會主義共和國」的原名。組成這個國家的俄羅斯人、屬雅利安族，遠在五世紀時，被「上帝之鞭」阿提拉叫作「斯拉夫」（**Slave**），即奴才的意思。其後，有一個名爲羅斯（**Rus**）的人，在波羅的海作海盜盜魁，佔領「斯拉夫」人的土地，作起土皇帝。九世紀之半，羅斯的子孫有盧立克其人者興起，築城諾弗哥羅，爲俄羅斯建國得名之始。十三至十五世紀（一二三七—一四八〇），蒙古人統治了俄羅斯全境，建立欽察汗國，盧立克的子孫和土人，又變爲蒙古人的「斯拉夫」（奴才），凡二百三十八年。到一四八〇年，伊凡第三推翻欽察汗國，俄羅斯始脫羈軛，但奴才（「斯拉夫」）的惡名，直到今天也退不掉了。好在他們慣於僞造歷史，自欺自慰，會在字典上註明「斯拉夫」意指「光榮」，「斯拉夫主義」也成爲「光榮主義」，我們倒也不必管這閒事。

在我國的元史上，譯俄羅斯爲斡羅思，音韻忠實，並不含有斥辱的意思，明史亦然。爲什麼到了清朝，卻把它叫成這個壞名？這當是中國人抗俄的最初表現。

原來，羅刹一詞，出於佛典，係梵文羅刹婆的省文。慧琳音義云：

「羅刹，此云『惡鬼』也。食人血肉，或飛行，或地行，捷疾可畏也。」

昔嘗詢諸蒙古喇嘛，並在歸化城舍力圖召看過羅刹繪像，男像黑身、朱髮、綠眼，女像也是朱髮、綠眼，但係粉身，較爲曼麗，鼻準高削，頗似上海的白俄舞女。有一種名爲歡喜佛的銅像，二十四年，余曾自烏素圖召喇嘛手中購得一尊，以贈錢公來先生。佛，男性，裸體，雙腳踐踏著一個裸體的羅刹男，雙手擁抱著一個裸體的羅刹婆，由側下面望去，陰陽吻合，儼然立體的春宮。就這佛像所顯示的關係看來，佛對於男女羅刹似乎極盡其降伏與蹂躪的能事。在印度宗教典故上羅刹固然被代表著「惡鬼」；但這「惡鬼」何以叫作羅刹？是否印度當年也有抗俄的事實，後來又被神話化了？很值得研究。查俄羅斯的祖先中有一大部份是雅利安人，俄羅斯侵入我們的黑龍江時，燒殺淫掠，十分慘烈；是否他們早年侵入印度時，也是如此？因而留給印度一種特別惡劣印象，在宗教上就偶像化了？如果我這推測不錯，則俄羅斯是否由羅斯得名，大可重行考證了。

清初人把 Russia 譯為羅刹，取意是大概可以推知的，第一、字音相近；第二、俄國男人是嫩黃髮，淺綠眼，女人也滿漂亮，和佛典描繪的羅刹相似；第三、主要的是他們大殺大姦，幾於「食人血肉」，直是「惡鬼」，所以這一譯名誠然是「信、達、雅」兼而有之了。

中俄第一個正式文件的尼布楚條約中文本，卻是未用羅刹字樣，而稱爲「大俄羅斯大皇帝」這自然是官樣的禮貌；但俄羅斯三字，怎說怎不如美利堅、英吉利的美麗吉祥，確也是不必諱言的。我不相信當年譯者想不出更好的譯音，譬如譯作額魯思、峨露絲，也許稍成文理。何以竟用不倫不類的這三個字？想來也許因爲他們正是不倫不類的一種人，不便給予好名字吧？自然，三百年後的毛澤東若譯 Russia，必用「我老師」三字，也比叫「老大哥」還親切，輩份也正恰當些，因爲他已是「斯拉夫」的「斯拉夫」（奴才的奴才）了。

——四十一年一月十四日，中副

十二、「兒皇帝」

王辰元旦，曾就葛藟三章，試說孔子對於「謂他人父」者的態度。一個「君主」——現在據秧歌王朝說叫作「主席」，如果「謂他人父」，則自己便是「兒皇帝」了。孔子在不删葛藟以表示對「兒皇帝」的貶斥之後，還特意寫過一部義正詞嚴的奇書，名爲春秋。這是每一位四十歲以上的中國文人都「童而習之」；但確實不很好懂。記得我的老師便說：「讀春秋不如讀左傳，讀左傳不如讀綱鑑。」宋朝的學者王安石，還說這是「斷爛朝報」：這就難怪我的老師不甚主張讀春秋了。

春秋開筆在魯隱公元年，正是葛藟所諷刺的平王的四十九年。——春秋第一篇寫著「元年、春、王，正月」。「元年，春」是魯隱公的繫年，「王、正月」是平王四十九年的正月。在魯國的史書上，孔子並註著平王的繫年，這通稱爲「奉正朔」，也就是「尊王」；但已是平王四十九年的事了。孔子在這部大作上記載了的大小「兒皇帝」共八十餘名，頂著名的也有鄭公子滑、周王子頹、周王子叔帶、衛孫林父、宋魚石、晉欒盈，楚公子比、衛太子蒯聵等三十多人，便都成爲平王的影子了。而這八十多名「兒皇帝」，有的是侵略者在被侵略者的國裡製造的，這雖出在周室的兄弟甥舅之國，孔子也是痛加貶斥；有的是異族到周室的中國裡來搞的「兒皇帝」，孔子立在「攘夷」的立場，自然更是「鳴鼓而攻」。這一型，當然以宜臼爲首；第二位便是曹國的庶子赤（請注意「赤」字），事在公元前六七〇年，上距宜臼恰好是一百年整了。

曹、爲周室的諸侯之國，地望在今山東省曹縣。公前六七〇年、曹莊公卒，公子羈依法繼位。但他的異母弟——庶子赤，便模仿宜臼，跑到北戎去勾結。同年冬，北戎扶植起他，立爲「僖公」，趕走了哥哥——公子羈，自己作了北戎的「兒皇帝」。孔子對於這樁事，老老實實寫著「北戎侵曹」。從這一「史觀」上看，孔子如果活到今天，目睹三年來大陸上的情況，似乎不會認爲便是「內戰」或「內亂」，更似乎不會認爲便是「秧歌革命」的成功罷？孔子的再傳弟子穀梁赤，在聽講筆記（穀梁傳）上爲孔子這四字作傳，說：

「禮：諸侯無外歸之義。外歸，非正也。」

是說，在周室的「禮」上載明，諸侯的寶座，不興由外國侵略者幫助的「兒皇帝」來坐。寶座上坐著的儘可以被叫作「皇帝」或「主席」，但算不了正統，只是僭主（Tyrant）耳。

北戎即山戎。據漢代學者服虔說，「山戎蓋今鮮卑」（史記集解引）。這些鮮卑人約從公前二三五七年到二二〇六年，由鮮卑利亞（即「西伯利亞」）向南移徙，公前七二一年，她已住在今遼寧熱河一帶，曾和魯國盟於唐地。公前七〇六年，春秋載北戎伐齊、公前六七六年，魯又與戎戰於濟西，到她建立「兒皇帝」曹庶子赤，已經侵略周朝的中國凡五十餘年了。當年首先開始「反赤抗戎」的令主是齊桓公，事在公前六六四年，即曹庶子赤稱「兒皇帝」後六年。桓公在行政院長兼參謀長管仲輔佐之下，統率大軍，由首部臨淄出發，經今河北省，出山海關，直撲遼寧省錦縣——北戎的老巢，「剃令支，斬孤竹」，給予一大痛擊；「兒皇帝」曹庶子赤在這戰役後三年便瓦解了。今天，我們流行著一種口頭的典故「老馬識途」，便是這一戰役中的事。因為當桓公勝利班師的時候，山海關內外已是大雪封山，不辨道路。管仲於是放出一匹老馬，在前引導，大隊才得凱旋。這典故被人用得爛熟；但似乎很少人知道它的歷史意義了。不佞生長關外，讀史至桓公長征達到我的故鄉，及漢武帝親帥騎兵十餘萬人，耀武遼西，未嘗不為之神往。

孔子把桓公北伐山戎的經過，扼要地記在春秋上。對於桓公和管仲，他更贊佩不置。論語載：

「管仲相桓公，霸諸侯，一匡天下，民到於今受其賜。微管仲，吾其被髮左衽矣！」

「霸諸侯」的話裡便含有「反赤抗戎」一役。「一匡天下」指桓公「反帶抗狄」（周王子叔帶勾結狄人，作「兒皇帝」而言，他認為倘無管仲相桓公「反赤抗戎」，則中國人便「被髮左衽」，即戴上「八角帽」了。孔子曾就民生主義的觀點，批評過大禹，說：「微禹，吾其魚乎？」上文又說：「微管仲，吾其被髮左衽矣！」這便是民族主義的立場了。

從春秋這部書上看，孔子對於「謂他人父」的「兒皇帝」，態度更為嚴肅了。他並且把春秋大義作為洙泗的心傳。禮記載，孔子率領學生在矍相地方的大菜圃舉行射箭比賽運動會，總領隊子路佩帶弓矢，領導運動員進場，孔子在司令台上發出口令說：

「敗軍之將」亡國之大夫，與『謂他人民』者，不得進；餘請進。」

假定這運動會是開在今天，不待說「兒皇帝」毛澤東是不准進場的了，便是許多亡國大夫如張治中、邵力子之流，也要被擯諸門外罷！

——四十一年二月，中副

十三、「揚之水」三章今譯

揚之水，不流束薪。
彼其之子，不與我戍申。
懷哉！懷哉！
曷月余還歸哉？

揚之水，不流束楚。
彼共之子，不與我戍甫。
懷哉！懷哉！
曷月余還歸哉？

揚之水，不流束蒲。

彼其之子，不與我戍許。

懷哉！懷哉！

曷月余還歸哉！

毛賊東被俄帝豢養成爲傀儡之後，便心安理得地去「抗美援朝」，幹著「兒皇帝」對父皇帝應幹的貓腳爪工作，替史太林火中取票。但被他驅往朝國戰場上的弟兄們，心中一定充滿著激憤，患了嚴重的懷鄉病，想起老娘，想起妻子，想起戀人，而潸然下淚。士氣之壞，是可想而知的。久而久之，他的「志願軍」由零星的逃亡，會「突變」而成大規模的投降和土崩瓦解。這已被聯合國的官兵們親自看到一半了。倘用小說家常說的「有詩爲證」，便是上面這「揚之水」的詩了。

「揚之水」載在孔子編輯的詩經第二卷王風上。王風是周平王時代（公前七七〇—七二〇）的民歌，共計十篇，都是平王作了他外祖父的「兒皇帝」以後，文武公務員和戰士的作品。第一篇是「黍離」三章，描寫申侯（平王的外祖父）扶置平王，弒父殺弟，周京淪滅，茂草叢生的光景，所謂「故宮禾黍」者是也。第二篇是「君子于役」，敘記周朝軍眷在這一「內亂」中的情懷。一位太太，看到自己所養的小雞都上窩了（雞棲于塒），夜幕已經慢慢落下（日之夕矣），放牧的牛羊也紛紛下山回圈了（牛羊下來）．但她的出征的良人還沒有退役回家，不知不覺地唱出「君子于役，爲之何勿思？」第七篇是「葛藟」，正正堂堂痛罵平王是毛賊東，「謂他人父」，我已在別的刊物上譯登過了。這些都是經孔門序明爲「刺平王也」的詩。「揚之水」是第四篇，共分三章，卻是平王「抗楚援申」時代的作品了。

民國二十八年到三十四年，我寫「周史」，便很看重這三章詩。但多少年來，我始終不懂它的究竟諦。只覺得這是平王作傀儡時代的珍貴史料，據我所知，似乎沒有一位寫周史的人（包括司馬遷在內）利用過它。我也很想把它引到拙作裡去；但想著想著也便懶散下來。近來課暇，爲小朋有們講詩，手頭沒有好本子，只找到朱熹的集傳。臨講忽地受了毛賊澤東「抗美援朝」的「啓示」。才看出這是平王「抗楚援申」的眞實紀錄，不覺發出會心的微笑了。——大概在平王勾結申戎（可能還有甫、許），進改祖國，被申侯製造成爲「因國」之後，申戎、甫國和許國也受了南方楚國的威脅。於是，中侯嗾使平王出兵，替申、甫、許去「抗楚」。當時周朝戰士之中的一位炊事兵，（註一），便唱出「揚之水」三章民歌。朱熹說：

「申侯與犬戎攻宗周而弒幽王。平王知有母而不知有父，知其立已爲有德，而不知弒父爲何怨……」

「平王以中國近楚，數被侵伐，故遣畿內之民戍之……」

「至使復讎討賊（按指申侯）之師，反爲報施酬恩之舉，則其忘親逆理，而得罪於天，已甚矣。

「今平王……乃勞天下之民，遠爲諸侯戍守，故周人之戍申者，又以非其職而怨思焉。則其哀懦微弱，而得罪於民，又可見矣。」

朱氏上面的意思歸納起來，是說平王「知有母（申后）而不知有父（幽王）」，知古代史太林——申侯「立己（作「兒皇帝」）爲有德」，不但不曾「復仇討賊」（即成爲狄托）。而且「抗楚援申」，眞是「得罪於天」又復得罪於民了。朱氏筆下的平王豈不正是今天的毛賊東？從這裡也可以說明「揚之水」恰是平王「抗楚援申」的史詩了。可惜朱氏還把申侯當作周朝的「諸侯」看待，不懂得申侯實是申戎的首領，申戎是周朝的俄帝，申侯只是史太林耳。所以他說了上面許多迂腐的話，如責平王不知「復仇討賊」云云，你想想看，今天毛賊東是史太林所「立」，還敢「怨」史太林麼？更談不到「復仇討賊」了。毛賊東與只誤聽令俄帝，去「抗美援朝」；當年平王也只許聽令申帝，去「抗楚援申」了。

這三章詩，若用語體揷譯出來，大致是這樣：

揚子江的水，不曾沖過一捆薪柴。
我的情人喲，也不曾和我一道到中國來。
我想我的情人喲，我想我的情人喲，
那年那月，我才能夠和她抱個滿懷？

揚子江的水，不曾飄過一束楚木。
我的情人喲，也不曾和我一道到甫國來住。

我想我的情人喲，我想我的情人喲，
那年那月，我才能夠回到她的懷抱中去？

揚子江的水，不曾流過一把蒲草。
我的情人喲，也不曾和我一道到許國來舞蹈。
我想我的情人喲，我想我的情人喲，
那年那月，我才能夠回到她的懷抱？

「揚之水」的「揚」字，朱註說是：「悠揚也，水緩流流貌。」我卻認爲應是揚子江，可以譯成「揚子江的水」。周宣王封申伯（言）是申侯的父親？）於謝，見詩經大雅「嵩高」篇，周朝的南疆已到達今漢水、揚子江一帶，可參看「漢廣」篇。申戎的國境總有一部分和楚國接壤：故我云然也。（這些駐防到揚子江邊「抗楚援申」的周朝戰士們，在用這三章詩表達了懷鄉病之後，似乎便進一步向當日的統兵大將名爲「祈父」的人，提出嚴重的抗議了：

祈父！
予王之爪牙。
胡轉予於恤，
靡所居止？

祈父！
予王之爪士。
胡轉予于恤，
靡所底止？

祈父！
亶不聰。
胡轉予於恤，
有母之尸饔？

譯成語體，應是這樣：

祈父！
我是國家的爪牙。
你爲什麼把我帶進這憂鬱的深淵，
讓我失掉了溫暖的家？

祈父！

讓我沉淪到何時爲止？
你爲什麼把我帶進這憂鬱的深淵，
我是國家的戰士。

祈父！
你眞是太不聰慧。
你爲什麼把我帶進這憂鬱的深淵，
讓我的母親在家裡受罪？

這「祈父」三章論入詩經第五卷的小雅之內，孔門詩序說它是「刺宣王」的詩。宣王北伐玁狁（註二），是中興的今主，他的士氣祈不應該是這樣壞的。詩序確是多可存疑，故我認爲這是「揚之水」情緒的自然發展。

註一：此詩由薪、楚、蒲起興，均是柴火，故我說作者是炊事兵。

註二：史記匈奴傳「唐虞以上有山戎」，西周有玁狁，春秋又見山戎。玁狁、山戎實一音之轉。史記鄭虔註：「山戎盖今鮮卑」，玁、山、鮮也是一音之轉，卑，亦匈奴、委奴之奴字義也。故玁狁應即是鮮卑，而今所誤譯爲「西伯利亞人」者。

——四十二年作，二月一日，載於國風。

十四、傅作義守涿州

（一）

十五年，北伐。閻百川（錫山）氏任第二集團總司令之前，已令旅長傅宜生（作義）提一旅孤軍，自太行北山小路馳入涿州，於是而有十六年涿州之守。晉軍大部由大同趨察綏，以拊北京之背。

時安國軍（東北軍）主力在保定。傅部酣臥，聲震旁榻。學良初輕敵，以小部隊攻之，不克；繼以大部隊攻之，復不克；更以兩軍一砲兵團攻之，不克如故。攻守入相持階段，凡達月餘，國際為之驚異。余方主持北京大同晚報副刊「稚暉」（用吳稚老之名名一刊物，在當時之北方為一奇事），與「張厤皮」（友漁）輒為涿州桴鼓。

學良怒，且，召砲兵司令鄒岳樓（作華），限三日內，以巨彈五十發擊毀涿州，要塞砲（長管加農砲）十七門且已運抵城外。砲兵指揮官為黃大定（永安）。民二十七年在洛陽，大定君語余：「當時，余告岳樓曰：遑論五千發？即五百發，涿州成血粉矣！岳樓為之一嘆。頃之，曰：斟酌為之。余遂下令射擊，約二百砲，令停，而以五千發發訖入告。副司令（黃以稱學良）大驚：蓋認傅忍五千砲而屹守不動，殆成奇蹟。」

大定續曰：「據余所確知，涿州攻守期間，張傅信使往還，已既多次。副司令愛傅才，必欲生降，且決大用之；傅在晉，初不甚得閻歡，及議降，更絕其援；副司令不知，誘降如故；傅亦高自位置；遂有五千砲轟之令。實則此二百發已使傅心膽俱裂，旋降，走津沽，寓鮑執一（文樾）宅，始終由呂某所中介。呂，熱河人，名不詳。」

余詢大定君：「君持人道主義乎？」君曰：「然。然傅宜生與余為保定同學，實不忍老同學與涿州軍民粉身碎骨也。」余曰：「傅氏知君用心否？」君曰：「迄尚不知。」

是年冬（汪逆逃抵河內之日），余以語諸傅氏。傅氏囑余轉謝大定君，意亟鄭重。

傅氏以民國二十一年受張漢卿命，為綏遠省主席，即涿州「局部和平」之成果也。二十五年西安事變後三日，猶頓足語余曰：「我作張漢卿的官，子之所知也；但對此舉，絕對不同意！」

（二）再記傅作義

傅作義十六年一降於涿州，三十七年再降於北平，飛黃騰達者凡二十年。抗戰前後，鋒頭特健，而以所謂「綏東大捷」「五原大捷」為功名之資本。按其實，此兩捷也，幸捷耳。

九一八變後，余爲抗日戰略設計曰：「聯僞，造僞，裡外齊攻。」「聯僞」者，聯絡僞軍；「造僞」者，製造僞軍；「裡外齊攻」者，以僞軍爲內應，以義軍爲外線，一齊進攻也。「齊」字語意雙關：蓋東北協會實主持此戰略，負責人則今中委齊鐵生（世英）氏。東北革命同志或統帥義軍，游擊白山黑水之間；或召集遊勇，潛伏敵僞軍警之內，「用敵人之餉，養中國的兵。」其在察哈爾獨石口者爲呂路亭（存義，綽號呂二小）氏，奉准任僞張慶榮（綽號張砲彈）部團長，領到日僞所給俄式步槍四百七十枝，機槍若干。慶榮任僞旅長，隸王逆道一部，部計七八旅云。

二十五年六月一日，王道一逆部奉寇命，進攻綏遠省東部之紅格爾圖及土木爾台，即有名之所謂「綏東之戰」。實則五月三十一日余已接獲日寇作戰命令原件，則由路亭介弟正平（字明光，綽號四閻王）兼程自商都密送北平轉歸綏者；亟電話傅警戒。路亭團爲攻擊主力，僅佯攻半曉，對空射擊而已。傅既有備，呂亦不攻，而「綏東大捷」轟傳全國：此一役也。

僞「蒙古聯盟自治政府」既僭號，李子忠（守信）任僞「蒙古軍」總司令。李，熱河蒙古人，乳名三喇嘛。經周裕岐君聯絡，二十五年秋密受我五十八軍軍長委，今國防部次長徐燕謀（祖詒）氏主其事，委任狀則由高參黎伯豪（明）郭殿丞兩少將親送張北者，黎任副軍長焉。與李同時作僞軍者尚有王英（字際塵），任僞「綏西聯軍」總司令。李王爭「走私權」，我「因」之以破壞日寇之攻勢。

三十年春，日寇攻五原，陷臨河，寧甘震恐，傅部大北，傅且以百餘騎被困杭錦旗蒙兵，幾不能以身免。寇達成佔領河套穀倉之目的後，遂退；而以五臨交王英，將以事春耕；李益不平。傅輒以陝壩爲根據地，稍稍收其軍。旋返攻。當是時，當面之所謂敵人者，僅日寇百餘人，外則僞「綏西聯軍」第一師常子義第二師陳秉義第三師名不詳，共不足三千人，且均與我各部地工有連，而彼此不相知，情況旣亟，寇令李守信迅援王英。守信遲遲出兵僅二團，而密告其團長（其中一爲朱姓）曰：「聰明點！」意若曰：「傅，國軍也；王，汗奸也；勿實戰！」豫交，常子義先敗退；陳秉義則截其退兵而繳械之；陳續退；李部二團亦則截其後路而繳械之，於是陣線大毀，草木皆兵，寇至不能增援，傅部入臨河復五原，而以「五原大捷」告：此又一役也。

「綏東大捷」、「五原大捷」眞相具如此：蓋出諸東北同志地工之優越；傅之成名，倖也。

十五、邵力子

邵力子主中宣部，於「趙孽子」三字別有會心，辦事延唔甚便利。

勝利初，總裁電召毛赴渝；毛去；周恩來當續談之任。一日，周於會議席上重談「釋放張學良問題」。此爲毛陰謀之一部分：蓋自「東北軍工作委員會」項西光（後任「華中中央局」書記，屬張國燾派）等，策動「西安事變」，共黨得以「借屍還魂」，東北軍於亦瓦解。毛第二步計劃爲進入東北，打通最近之「國際路線」，乃「因」呂正操、萬毅、李延祿及張學思之思慕學良而「用」之，組織所謂「新東北軍」。及日寇初請降，「延安總部」連以九道命令，電令呂萬等逆部東進；毛復深知：學良出山，足可掌握僞滿官兵三十旅，渠既痛心「西安事變」之被利用，又爲中國抗俄第一人，地方觀念且亟重！一旦奉中央令還鄉，閉關而自守焉，則「新東北軍」且必重返學良懷抱：於是毛「借刀殺人」之計以決。「釋放張學良」云者，毛對中央方面之想定反應，爲學良之永不敘用，而「打通國際路線」之拌腳石去矣；對「新東北軍」方面之想定反應，則爲增高呂萬張等逆對中央之不平不滿，而益以加強僞「新東北軍」向毛之靠攏：是直不僅「借刀殺人」已耳，抑亦「一石兩鳥」矣。——邵對此陰謀固毫無所知者，時余遠阻朔方，無密碼可資電告。於是邵結舌赤面對周逆曰：「張學良問題，由委員長自作區處。委員長與張家人父子耳。本日會議不能說人家家事也！」（大意如許，原文參見三十四年十二月各報。）事既傳，毛陰謀全售矣。

三十五年夏，余輾轉返渝，訪邵而語之陰謀，且曰：「向者之言，是何言也？今張學思呂正操諸逆，怨氣沖霄，中風狂走，第二個僞『滿洲國』行將出現！公等負領袖，誤東北矣！」邵赧然、默然、久之。余復告之曰：「先生外交家也。外交家當有外交辭令在。當日曷不對周逆曰：『張學良者，本黨之中央委員也，猶之張聞天陳紹禹之爲貴黨中央委員。貴黨之於張聞天陳紹禹，自執行黨紀耳；本黨既不便越俎代庖，要求釋放；則本黨之於張學良，亦自執行黨紀耳。貴黨似亦無須越俎代庖，要求釋放也！』余度周當閉口無言，而張學思呂正操有迴施餘地矣。先生向者之言，是何言也？以『爸爸』視總裁，以『兒子』視學良，兩辱之。」邵面更赤。又良久，曰：「尺子之言，是也！」

邵今出席僞「政協」，國人方爲之驚異。其實不足驚異也。吾人當復記憶：二十九年前「中共」第一次代表大會中，邵與周佛海固均在內。余所面告邵者不僅上述，凡共黨全體陰謀無不詳。三十五年先後在西安及滬上權威報刊著文，擬之爲富辰；蓋早知其必將促成毛陷京師，函總統，與富辰曲容叔帶，進抵王京，襄王出狩，同爲悲劇也。

十六、謝介石

日人善讀孫武子，余於民國十八九年，見其譯本凡五，注釋不下百餘家；尤善談孫武子中之「用間」篇。「用間」篇別間爲五，曰：「鄉間」；曰：「內間」；曰：「反間」；曰：「死間」；曰：「生間」。用之之術，專名曰：「因」，原文曰：「鄉間者，因其鄉人而用之；內間者，因其官人而用之；反間者，因其敵間而用之。」「因」者，姻也。以「女人」予其「鄉人」，則「鄉間」可得而使矣；以「女人」予其「官人」，則「內間」可得而使矣；以「女人」予其間諜，則「反間」可得而使矣；此固氏族戰爭時代之老戰術也。孫武益之以二，一曰：「爵祿」；一曰：「百金」；並「女人」而爲三。三者俱名之曰：「因」，失本誼矣。秦初，呂不韋作呂氏春秋，列「貴因」篇，曰：「因則無敵」；漢初，司馬談論六家要旨，曰：「因者，君之綱也」。近代馬克斯唱「辯證唯物論」，利用「內在矛盾」，史大林侵略世界，亦行其「滲透戰術」「內應路線」焉，釋以古語，是亦「因」也，或稱之曰：「貴因史觀」云。日人用之，其最成功者曰：謝介石。

謝，台灣省新竹縣人。日人據台，謝年十六七矣。後數年，謝入上海「東亞同文書院」。是院也，日人侵華之間諜訓練機關也。既卒其業，日人嗾其冒祖籍福建惠安，入「京師大學堂」（北京大學前身），不復自稱台灣人，尤不復洩露其爲日本國民矣。又卒業，日人予之以「女人」，「金錢」，先後寅緣入端方，朱家寶、松壽幕。光宣之際，任職「總理衙門」（今外交部），戴紅頂子，而日人「內間」成矣。清亡，溥儀廢，謝自擬「遺老」，附爲鄭孝胥同鄉。民十三年後，溥儀遁天津，謝得羅振玉遊揚，授日本文語七年，隱然自居太傅，其官名曰：「御前顧問」，其身份則「內間」兼「生間」矣。

「九一八」事變作，土肥原決置溥儀傀儡，潛入天津，與日本「華北駐屯軍」司令官香推謀：說鄭孝胥爲申包胥，擁溥儀，復故國，編「便衣隊」使暴動。亂中，土肥原。香推與謝以船載溥儀、鄭孝胥、避塘沽、登兵艦、抵旅順，次年三月九日「執政」出台，謝爲僞滿「外交大臣」矣，副署鄭逆（僞「國務總理大臣」）「日滿議定書」矣：又明年五月，謝任第一任僞「滿洲國駐日大使」矣：計僞裝「中國人」者殆三十年云。

日本降，謝在北平黃化門被捕，年六十八矣。翌年冬，冀高院處以徒刑十二年，外患罪也。謝始自承爲日本國民，且挽「台灣旅平同鄉會」者作證，圖依國際法列戰犯而減刑焉，於是日人「用間」之妙與謝潛伏之久，乃閧傳於世。

十七、吳石與吉士林

赤色第五縱隊隊員第二代（第一代者毛澤東輩也）吳石明正典刑矣，第五縱隊初名「佛朗哥主義」者，以此一番號係佛朗哥所創：在馬德里戰役中，佛朗哥之前敵總指揮毛拉者，以其第一二三四個縱隊進攻四門，而命令潛在城內之第五縱隊同時內應。又名「吉士林主義」者，則起於一九四〇年希特勒侵略挪威之戰，以挪奸吉士林爲內應。吳長國防部史政局時，編「戰史叢刊」十餘種，就中「挪威戰役」及「世界第二次大戰史」，述吉士林逆事至詳。吳逆對此必心儀甚久，而後躬自蹈之。「吉士林主義」祭其第十週年，吳逆乃首爲「人犧」，巧哉！

按：德於第一次大戰中，疏散兒童赴挪威，遂樹立第五縱隊之基礎。此疏散赴挪之人及平時赴挪游歷者，極力學習挪威語文，返國時編組爲部隊。此等浪人調製之挪威工業圖表及地圖，爲德軍命令之張本。此外，德國外交人員，領事館職員及在挪受傭之店員，均供給有價值之情報。

爲期利用挪奸參加第五縱隊，德人鼓勵挪威傾德份子康德。吉士林少校，促其努力增進德挪親善之工作。一九三一年農黨組閣，吉士林入閣爲國防部長，任內引用其友人任重要軍職，若干蟬聯後任，任職如故。其後，吉士林爲表示進一步效忠德國，吸收此輩爲挪威納粹黨之核心。迄一九三九年，該黨人數雖不過五七千人，但挪人不知其眞正任務在使德國便利襲擊挪威，而未予注意也。

一九四〇年四月一日，大量德軍喬裝商人，赴挪威首都奧斯陸。九日之晨，竟著武裝出現街頭矣。此輩與吉士林之所謂挪威納粹黨即第五縱隊，主要之任務凡四：劫持挪王哈愛康及政府，一也；佔領重要軍事設施，以待德軍部隊之來臨，二也；曾受與轟炸機通信訓練者，則馳赴飛機場而佔領之，德空運機因以著陸，三也；其他部隊則分襲廣播電台、電報局、電話局，並傳佈混亂之命令於挪軍指揮官，四也。挪威最高指揮部，接獲上項報告之同時（九日上午五時），並得奧斯陸海峽要塞及其他港口之報，稱德艦來襲，已與開火，而空中機聲大作，德國傘兵著陸矣，奧斯陸及其他機場普降德機及陸軍矣。指揮部愛里契生將軍亟下達動員令。其陸軍方面：挪威第一師駐防挪京，經第五縱隊決定力量之襲擊，司令部被迫移動，官長與部隊相失，其後遂潰；第二師司令部在哈馬，爲第五縱隊所擾，僅能自保，而不克增援其第一師；其三至六師所接命令，矛盾百出，不辨眞僞，亦手足無所措。其海軍方面：挪威要港郝層之海軍，初擊沉德潛艇並重傷其巡洋艦；旋奉第五縱隊僞命令，豎白旗以降；北部阿卡兵士堡海軍中潛伏之第五縱隊，割斷水雷電線，但要塞砲兵仍奮其英勇擊沉德巡洋艦布魯區號；而霍爾吞海陸軍則已被第五縱隊解除武裝。其空軍方面：則爲強大德機所壓制，零星作戰而已；康士格堡高射炮隊，亦在第五縱隊命令下投降。——德陸海空軍之來攻，蓋普及挪南六港，而挪威陸海空軍殆無不受第五縱隊之壓迫而失靈，指揮工具亦全然無效。九時，挪王及政府向哈馬逃亡，且幾爲第五縱隊所阻，德軍遂於十五時佔領挪京矣。娜奸吉士林旋奉希特勒「册命」爲「總理」，而挪威淪陷。

斯則吳逆石所編「挪威戰役」之擷華也。原文有云：「第五縱隊，爲軸心重要戰略之一環。組織嚴密，指導正確之第五縱隊，可以轉變戰場態勢，保障作戰成功。根據德國在挪威第五縱隊之活動，可知其工作矣：供給關於敵人陣地局部情報，一也；擔任部隊嚮導，二也；阻擾敵人進行防禦設施，如使敵人火炮射擊無效等，三也；發佈相反之命令，傳達虛假之報告，散佈不利之消息，四也。」

十八、馬鶴天

山西馬鶴天，樸重能詩文。有志邊疆，歷遊內外蒙古，著有遊記。薛篤弼，王甘時，鶴天任教育廳長。民廿四年，蒙事囂塵，君以蒙藏委員，主持開發西北協會，會於歸綏，介某君挽余出席，以事不果，心儀之。二十八年，君以察哈爾特派員，進駐榆林，迄勝利，工作不能深入，與邊疆學會，編邊疆半月刊，聊自慰耳。余曾壽以詩云：

「爲此鑿空事，栖皇直到今。定知投筆日，猶是伏波心。
右臂原應斷，名王正易禽。倘曾逢漢武，臣弱力能任。

「仗策終何濟？呑氈大可哀。朝廷無遠略，沙漠老人才。
君轍已前覆，我車方後來。相逢一揖手，聊舉介眉杯。」

君覆箋云：「詞多感慨，君我眞同病者也。」

某期邊疆半月刊載謝在善君（時在國立西北大學任教授）自蒙文譯來之僞「外蒙古人民共和

國憲法」，且列爲頭題。余時爲邊疆學會監事，兼邊疆半月刊總編輯；而編務實由鶴天主持。茲文僅標題外蒙古人民共和國憲法，上下無引號；余甚以爲不然。蓋「蒙古人民共和國」者，蘇俄扶置之傀儡組織也，與日本製造之「滿洲國」爲同類，其憲法與僞「滿」憲法亦無別。下期續刊時，余因振筆爲加上下引號，成「外蒙古人民共和國憲法」，又勾去「外」字，書一「僞」字，標題後寫「編者附識」一段，說明此誼。余既爲總編輯，此舉似亦未爲擅用職權也。四月二十九日（三十四年）見報，「僞蒙古人民共和國憲法」諸字具在，惟余所作「編者附識」一段已闕文，鶴天別作一附註云：「上期外字係僞字之誤」云云。詢鶴天；輒云：「爲余塗去矣。加『僞』字及上下引號已夠分量，附識一段，不太得罪延安乎？」余嘿然。心謂馬君幷眞僞是非亦不辯矣。半月後，邊疆半月刊又將出版，余在印刷局睹前文三續稿標題，竟已恢復本來面目，作外蒙古人民共和國憲法，「僞」字及上下引號全不見。甚異之，就工人手索鶴天黑蹟觀之，仍爲「僞蒙古人民共和國憲法」，但爲另一筆體所掩。此另外筆體則楊令德所寫者。楊，時爲大公報駐榆特派員，兼陝北日報總編輯，亦邊疆學會會員也。陝日原爲本黨黨報，楊暗促其「延安化」，與僞「解放日報」爲銅山洛鐘之應。余再將楊所改字塗去，促工人上版亟印，印訖，余始離所。明日出版，赫然仍爲「僞蒙古人民共和國憲法」也。後聞工人云：楊見報，大恚，斥工人，問誰重改者？工人以「趙總編輯」對，楊頓足而去。

勝利後，楊返綏遠，得傅作義、鄧寶珊之助，以本黨黨員資格膺選監察院委員，主陝甘監察使署矣。鶴天亦攜其察哈爾特派員公署，赴張家口。鄧逆既「靠攏」，通電叛國，西北聞人蒙古榮祥等署名者凡百，楊逆令德則殿其軍，與榮逆並仕僞朝「綏遠省人民監察委員」；而鶴天獨不知消息。前者有人自北平來，云晤鶴天衣棉短後衣，躑躅西長安街，有心事，有憂色，蓋曾自請入某班「學習」云。

十九、森蓋

民國二十四年春，伊克昭盟達拉特旗農人耕地，獲鐵箱一，長尺許，高厚各五寸許，以歸森蓋麟慶。明年，谷易非先烈任本社駐建旗特派員，求觀之，秘不予。報余，親往視，強而後可。撼之，中有物，頗浮。啓之，蒙文書一巨帙耳。請本社副社長張樂軒君口譯，余筆記之，得六萬言，記十三世紀蒙古騎兵西征事。拔都爲中心人物，余因題名「拔都西征記」，天壤孤本初手史料也。今史太林利用間諜，編組漢奸，導演內戰，以及所謂「人海戰術」者，於原記具其初規。而斯拉夫人以「斯拉夫」（奴才）爲族名，吾人昔嘗引以爲異，據記，實亦起於拔都所建之欽察王朝。蓋蒙人呼其臣爲「斯拉夫」，治斡（俄）羅斯既久，斡羅斯遂易名爲斯拉夫矣。清朝語「奴才」亦稱「斯拉夫」，大小臣工必自稱「奴才」，即曾文正亦不免。今西北蒙邊呼下人爲「SRATO」，董介生、王軍余，營爾斌諸君皆住台北，或尚憶故，高立卿將軍以此呼其傳令兵乎？是殆亦蒙古音轉也。——是書漢譯本燬於歸綏，七七事變冬事也。

森蓋君字寶山，時任達拉特旗保安隊長。谷先烈通蒙古語，初入達旗，旋識破王愛召（廟）

掛單喇嘛有所謂「金喇嘛」名「僧大」者，乃為日本人。其人長髯，美豐姿，精通蒙古文語及佛典，極得蒙古人歡。蒙古械鬥有累年月不休者，「金喇嘛」至，召兩方首領，均坦然來會；則撫之曰：「吾蒙古人，不可自家打；吾人公敵，漢人也。你們再打，非蒙古人也，非吾友也。」而鬥竟息。其魔力有如此者。谷先烈因密報國軍捕獲之；森蓋君則以兵脅國軍，強釋之。語以「金喇嘛」實日本間諜；森蓋君輒笑曰：「金喇嘛東蒙古人也，余與為友且十五年，何得為日本人？」其後，日本軍既侵入包頭，「金喇嘛」亦至，任「蒙古特務機關長」矣，姓盛島，名角房。訪森蓋君，囑其效命偽「蒙古國」，任為「蒙古軍」師長。谷先烈仍潛為地工，隨指以語之曰：「向者予謂金喇嘛為日本人；君不以為然。今其信然否耶？」森蓋君低語曰：「可怕！可怕！」蓋其易欺如此。

森蓋君之偽師以達拉特旗保安隊為中心，馬錫伯葉（字子禧）君任偽一團團長。　二十七年春，日人嗾之攻東勝縣；谷先烈因說馬錫伯葉團反正，偽師遂不成編。余社另一特派員裴滌塵君則潛森蓋君處為參謀長，久而事亦敗。森蓋君以百餘人浮沉偽「蒙古軍」中者凡八年。勝利者數月。外勤記者葉（名且隱）君始賚森蓋君密函至；余為請命焉。日本降，余復員，道經包頭。查日記，十月十九日（三十五年）云：

「森蓋之子及高日安、米選材，來。」

高米兩君，向者奉余命駐森蓋部內寫敵後通信，至是始晤於包頭。二十二日云：

「十時，應森奎武宴。……晚，蘭清如談，康王確決於三村會議中槍決森蓋；幸森蓋未到，得免於難。」

森奎武爲森蓋君之子。蘭清如者，康王之副官長，本社之通信員也。二十三日記云：

「八時，森蓋來訪。告以安心獲路，守土立功。……下二半，回拜森蓋。」

先是傅作義應余請，任森蓋君爲包西獲路司令。二十四日記云：

「清如來談、康、森事無法解決：康王必將置森蓋於死地。」

是時，僞軍賀龍部方力攻綏遠，包頭戒嚴。至十一月四日，余在包頭城防會議中力主由森蓋部（純蒙古兵兩個連）守轉龍藏至東門之線，保証其必能堅守：遂通過。六日，余獲森蓋君派兵獲衛，出包頭，過黃河，駐達拉特旗。是夜，賀逆攻包頭，凡血戰十餘日，大敗而去。森蓋君率兩個連及余之同事葉、高、米三君，迄苦戰包頭東門。據葉君報告：某夜者，敵機槍射我某連長，死；所部大憤，突出擊，雙方死傷慘重。我卒克其陣地，斃其連長，奪得其殺我連長之唯一機槍。我兵以槍殉葬其連長云云。

此森蓋君爲國立功處也。次年春，森蓋君訪余北平，病矣。詢「拔都西征記」原本；謂爲日軍強索以去云。後遂不明其消息，未知終與康王和解否耶？康王者，達拉特旗之王，參加抗戰：故痛恨森蓋君。余以其地工事語之，仍不釋於懷。

二十、孔子爲東北人說

孔子二千五百年聖誕節。憶金靜庵教授（毓黻）創「孔子爲東北人說」，甚辯。此說私似發表於僞「滿」之僞「建國月刊」。時氏方任僞奉天教育廳長，殆嚮應日寇以「王道主義」建立僞「王道樂土」之說者。後，氏既卒業遼海叢書，脫軛內渡，執教東北大學，乃別爲文張諸校刊。文用樸學法，首考釋孔子爲殷人，次證明殷人起於遼海，結論乃定：同儕學者頗不能訾。

靜庵，遼陽人，北京大學畢業，復出其鄉長袁金鎧門下，歷任東北軍系統內秘書、校長等職。九一八前夕，任遼寧省教育廳長，主遼海叢書。事變作，袁降，金以私交不得脫，復以叢書關係數千年先正遺書，委之而去，便成廣陵散：因忍辱任僞廳以編刊之。

勝利後，氏任國立瀋陽博物館長，決整理清故宮之四庫全書，並譯刊滿文老檔。氏專攻遼金元三朝史；以系出滿洲，於清史尤特有創獲，出任斯職，公私咸宜。三十六年夏，余訪之於博物館，時氏正寫清史遜帝一章，謂日人所遺全份盛京時報，有極豐富之史料可取云。次夏，瀋陽危，氏謀遷館：余時在行轅，陰贊其成，計劃乃定。否則必被「替蘇匪看家者」所尼阻矣。傅宜生誤降前，余向國防部青年救國團胡步日團長洽妥飛機九架次，赴平接運東北文化忠貞，將計劃以一機專接氏及其所保管之東北文物：後竟不得降落，人琴俱渺矣。

金氏近被共押解回瀋，交代博物館；其結果必爲「清算」與「鬥爭」。顧此事亦非意外：客冬，余兩度請人促其迅運古物赴京，輒以部撥經費來到爲辭。劉師告余曰：金決不赴京，蓋其意識中之「中共」乃屬中國政黨，與僞「滿」之「協和會」不同也。余以氏精熟遼史，當譜德光敬瑭父子皇帝事，因送拙著「新契丹時代之到來」以諷之；竟不省。顧頡剛著中國新史學，於東北籍學者只列金氏及于思泊（省吾）兩人。「懷寶其罪」，令人長嘆！

二十一、「華人」解

中華民族的「華」字，最早見於周書、武城，文曰：

「華、夏、蠻、貊，罔不率服。」

是記載周朝建國之初，「率土之濱，莫非王臣」的盛況。到春秋時又見「夷不亂華」四字，文載定公十年左傳。向來注釋這一「華」字，約有兩說：一、漢儒謂「冕服采章曰華」，見武成孔傳。二、章太炎先王謂「華本國名」，見所撰「中華民國解」，他說：

「我國民族舊居雍，梁二州之地，東南華陰東北華陽，就華山以定限，名其國土曰華。其後人跡所之，徧及九州，華之名始廣。華本國名，非種族之號。」

第一說係就文化的觀點而立說：第二說似對於武成疏「華夏爲中國也，」一義。抗戰期間，我和蒙古榮祥，談到「華」字，榮君不成太炎先生之說，而謂「華」係「種族之號」。他說：「『華』便是『胡』。『胡』今稱蒙古，蒙古即匈奴，見周禮考工記鄭司農注」云云。榮祥，綏遠土默特旗人，博覽群書，著有「瑞芝堂詩集」。北京法政專門學校畢業。抗戰前任土默特旗總管。

二十六年冬，綏遠淪陷之際，他本決心殉國，以手槍自隨，後有詩云「我自有術光青史」云云，即自詠此事。得吾友田君之助，乃馬占山將軍專車（車頭一個），迺他脫險，渡黃河，到榆林，舉旗抗日，國民政府派他作中將司令，後又任綏境蒙政會秘書長。直到抗戰勝利，在西北戰場上，他是唯一自動抗日的蒙古將軍。三十六年，他在南京和蒙藏委員會鬧翻，生氣跑回綏遠去，他以蒙古人精研蒙古史，上述這一新解，當時引起我的注意。記得他說：「蒙古語『人』音爲『混』，汗人譯之爲『胡』，大約始於秦朝。秦始皇時，有『亡秦者胡也』的謠傳，這個『胡』字即『混』字的音譯。但在周朝以前，『混』音先譯爲『華』，便是中華民族的『華』。」他當年先擬殉國，後便抗日，便和他的這一史說有關。因爲他知道「胡」便是「華」，所以不像一般蒙古人，和日本勾結。

近來我翻了幾本古書，證明榮祥的史說不無道理。他的道理是「混」音譯爲「華」又譯爲「胡」，立腳點在音學。我可以補充一點的便是，「華」，胡窊切，Hwa音Hwa（喝烏啊）；而「胡」音Hwu（喝烏），確是同聲。除此之外，我還有兩點小見證，可以說明「胡」便是「華」。第一、清人即滿洲人，原是「東胡」人，但他們自擬爲「東華」，而有「東華錄」。舊說因爲「東華錄」成書於北京東華門，因名「東華錄」云云，恐怕是不可靠的，大概因爲「東華錄」乃記載清太祖天命至世宗雍正的六朝史蹟，編者蔣良驥意謂「東胡」即「東華」，而清廷准其成書，也正是內心上不願自居爲「東胡」耳。第二、外國學者（帝國主義侵略者當然也在內）把所有的中國人都叫作「蒙古利亞人」，他不管你是「華」抑是「胡」，凡黑髮，黑睛，黃面孔的人，都是「蒙古利亞人」即「胡人」；只有我們自己卻關起大門，自定汗、滿、蒙、回、藏的界限，而在他們看，這些都是「華人」也。

二十二、談洋「八字」

中國有一部易經，講陰陽八卦，其後演變而為五行生尅之說。雖是二千年前的幼稚世界觀，但直到今天還被張鐵嘴、李半仙之流，利用來替善男信女批八字，算休咎，達官貴人也在偷偷摸摸地心誠求之。西洋也洽有一部「易經」，由黑格爾、馬克斯傳授下來，被各國的大小毛孩子們奉作批八字的「天書」。秧歌群醜都公開迷信著這宗神秘主義的玩藝兒，用它來給淪陷的中國批八字。這「西洋易經」，就是所謂「辯證法」了。我於蘆溝橋事變前，曾譯黑格爾「辯證法」為「心易」，馬克斯「辯證法」為「物易」。於今想起來，「辯證法」確曾發生了易經的作用，使若干青年甚至學者的心理陷入迷信狀態。近三二年，此風又蔓延到台灣島上來了。一百多年前黑黑馬的幼稚世界觀，在這科學的原子時代，竟而還能使人著魔，可見人類是不容易長進的。

近數月來為幾萬聽衆講「共黨理論和策略批判」，原有現成教本，裡邊提到「唯物辯證法」。先後講一百幾十小時，有百分之八十以上的聽衆，對這西洋玩藝都莫名其妙，卻也都想聽一聽，並找來不少時賢討論「辯證法」的書刊，向我提出問題，才知道它在台灣流行很廣，而且幾乎陷入迷信狀態之中，胡亂使用「正」、「反」、「合」的公式。老實講，這是一宗值得注意的問題：

迷信中國八字，造成中國人的定命論，害透了中國；倘再迷信西洋八字，造成台灣人的定命論，能不遺患台灣乎？此其一。「辯證法」是「階級鬥爭」的「哲學」，你若迷信馬克斯的「唯物辯證法」，便沒有理由反對「階級鬥爭」，縱使你反對「唯物辯證法」而僅承認黑格爾的「辯證法」，也同樣要相信「清算」「鬥爭」的，此其二。若講「辯證法」，便須把它溝通；倘若以訛傳訛地講下去，越講越使聽衆莫名其妙，因而著魔，這無異替馬、列、史張目了，此其三。例如有一位某君，據說留學英國和德國，作過大學教授，寫一本三十萬言的大作，但他在一篇講演中，卻說「唯物史觀一稱辯證唯物論」，這自是纏夾二先生了。又有一位某君，在一篇文章中，說史太林取消了「否定之否定律」。其實史太林在所謂「辯證法基本特點」第二項寫道：

「辯證法觀察自然，不把它當作靜止和不動，停滯和不變的狀態；而看作不斷的運動和變化，不斷的更新和發展的狀態。在這裡，是某種東西產生著發展著，某種東西破壞著，過完了自己的時代。」

這便是史魔講「否定之否定律」處，何嘗「取消」？史太林正等待「否定之否定」命運之到來，「過完了自己的時代」。自從這一說刊出後，至少有二位先生也跟著起鬨，寫小册子，豈不令史拈鬚微笑，說自由中國看不懂他的文章？而最令人齒冷的是「應帝王」的馮友蘭了，他有一篇「中國近年研究史學之新趨勢」，收入「中國哲學史補」（商務本）一書中，說：

「……『信古』、『疑古』、『釋古』爲近年研究史學者之三個派別……若依黑格爾的歷

史哲學來講，則『信古』、『疑古』與『釋古』三種趨勢，正代表『正』、『反』、『合』之『辯證法』，即

『信古』爲『正』，

『疑古』爲『反』，

『釋古』爲『合』……」

馮某當是最早（二十四年）的不懂「正」、「反」、「合」而濫用「正」、「反」、「合」的一人了。他「靠攏」之所以比梁漱溟、張東蓀爲尤醜，原來便因爲他根本不懂黑格爾，而卻自居爲「釋古」之「合」。揆其意必也以中華民國爲「正」，「中華人民共和國」爲「反」，而自己「靠攏」便是「合」，又可「應帝王」了，眞使人啼笑皆非。

　　另有一本名爲「古今反共思想」的小册子，也大講其「辯證法」，認「辯證法爲一切人所擁護……因爲牠是客觀的眞理」。此君既在前提上主觀上承認（實即迷信）「辯證法是客觀的眞理」，便已墮入黑、馬的泥淖，「反共」首先要反它的「辯證法」此種人洽也是不懂「正」、「反」、「合」。同書三十二頁上說：「唯心論爲正，唯物論爲反，二元論爲合。」文說：「資本主義爲正，共產主義爲反，民生主義爲合。」

　　正和前引馮某用例相同，這哪裡是「辯正法」？按：黑格爾的「正」、「反」、「合」，「正」與「反」是「內在的」，不是外在的，即「反」存在於「正」之內，並非立於「正」之外，

「正」與「反」所代表的必須一個概念的兩面，而不是兩個概念，「合」所代表的概念，雖據說是「高級的」，也必須與「正」、「反」所代表的概念屬於同一範疇，而不容立在範疇之外。黑的「正」、「反」、「合」在一個「心」中；馬的「正」、「反」、「合」在一個「物」中。恩格斯就此舉麥爲例，雖屬牽強，但尚能把握住自己的要領，即麥粒是「正」，麥仁是「反」，麥穗是「合」，都在麥的範疇之內。而本文上引三例，是把三個概念硬扯入一個公式之內，要說這便是「正」、「反」、「合」，直等於張鐵嘴的隨便云云了。此君不但沒有反「辯證法」，而且迷信了「辯證法」，不但迷信了「辯證法」，抑且濫用了「辯證法」，還談什麼「反共」？他們的「正」、「反」、「合」自然是胡扯的；你如引用它，卻必須扯得和他們一樣。他們既胡扯，而你比他們更胡扯，他們又會笑你根本不懂「辯證法」的呀！我們要知道：黑、馬的「正」、「反」、「合」三字之爲神秘主義，與中國八字是同樣的，五行不一定相生，八字也不一定相尅，張鐵嘴算你升官發財，你未必就升官發財；「正」、「反」、「合」，恩格斯依據這洋八字早就算定資本主義要垮台了；但至今它還沒有垮台，其爲無價值的學說已成定論了。

黑格爾卻說自己的「辯證法」是「大邏輯」，馬克斯也說自己的「辯證法」是「哲學」，他的門徒們又說這是「動的邏輯」，這統通是冒牌貨色，所謂詭辯者是；其實只是「西洋易經」，或客氣點說是一套不甚高明的陰謀戰術。我們只認爲它是洋八字。

——四十一年四月十七日作，載十月十五日中副

二十三、宋江怎樣打下祝家莊？

去年，我曾寫過「談洋八字」一篇小文，刊在中副。所謂「洋八字」，我指「辯證法」的「正、反、合」三個字說。這三個字由黑格爾創出。其後馬克斯要搞「階級鬥爭」，鼓勵殺人，放火，坦白，清算，正感論據薄弱，難得欺世，忽見黑格爾之說，看宇宙人生歷史都有「正、反、合」，洽可作為「階級鬥爭」的「原理」，便抄襲下來，揉合上費爾巴哈的「唯物論」，稱為「唯物辯證法」，流毒世界已竟一百年了。一些後生小子，吃了馬克斯的迷魂湯，信口胡調，硬叫「唯物辯證法」是「哲學」或「動的邏輯」，而一班淺薄的學者也跟著起鬨，於是一犬吠影，衆犬吠聲，一若「唯物辯證法」眞是什麼「無產階級的哲學」或「無產階級的邏輯」了。所以我在拙文裡說過：「客氣點說：『唯物辯證法』是一套不甚高明的陰謀戰術；並不是『哲學』，也不是『邏輯』……」我們今天以至明天，當然不好再迷信它，以至也不好再迷信黑格爾。

民國二十一年，已懂得它不單是「陰謀戰術」，而且是「不甚高明」的了。事在九一八之後，我們在東北和日閥打游擊。我看出親日僚閥和綠林豪俠之間「存在」著「矛盾」，便把綠林豪俠編成義勇軍，打官僚，打軍閥，也打日本軍。如中共上文所說的「調查情形」，「拆散聯盟」以及「佈置伏兵」——這套所謂「唯物辯證法」，我們都用過的。但當年我們還不知道這就是「唯物辯證法」。共後，某君帶了許多馬列的書到前方去，內有講「唯物辯證法」者，我於詳讀之後，曾和他說：「唯物辯證法沒啥稀奇，我們用得便是這一套原理」云云。他當時笑我不懂「唯物辯證法」，說：「這是進步的哲學呀。」某君今日也在台灣，或許還能記得這番對話罷。當時我在日記上寫道：「官僚地主是正，土匪是反，義勇軍是合。」

又寫道：「日僞政權是正，義勇軍是反，收復失地是合。」

這一段的日記，及於二十二年用「馬上隨筆」的題目，在北平的華北晚報連載，接過日僞寄來的手槍子彈，約我到北海九龍碑去決鬥。我雖是根據「正、反、合」的「洋八字」，算出「義勇軍是合」，但義勇軍畢竟未能成事，算出「收復失地是合」，也倒底未能收復失地，所以我早就覺到有「正」，有「反」，未必有「合」，有「矛盾」，也未必有「統一」，這套「洋八字」和中國「八字」一樣是不靈的。已於「調查情形」，「拆散聯盟」以及「佈置伏兵」，當然是根據「正、反」即「矛盾」而來的，有時有效，有時也無效，這套「陰謀戰術」也「不甚高明」。

查中共此文寫於一九三七年而民國二十六年的八月。那時「紅軍」已改編稱「八路軍」，揹著「抗日」的招牌，在中國「佈置伏兵」，「統一戰線部」亦經成立，到處「拆散」本黨和各黨派的「聯盟」，赤色特務遍佈國內，「調查情形」，這些當然是他指示的「唯物辯證法」的實用了。假如他民國十六年在湖南搞「秋暴」可算一打祝家莊，二十一年在江西搞「全暴」可算二打祝家莊，那麼他這篇文章此後的一切幹法，便是準備三打祝家莊了。我們想想看，那時的某些學者和理論家，卻在把「唯物辯證法」當作「哲學」或「動的邏輯」，自我陶醉，一些要人如孫科者也在豢養「左傾作家」，在用「唯物辯證法」篡改中國古史。這就難怪我們以及吃了他的大虧。當時中共的「矛盾論」又經修正發表了，坦白說出「唯物辯證法」是三打祝家莊的「陰謀戰術」；但某些學者還在死叮著說「唯物辯證法」是「眞理」，是「哲學」，是「邏輯」，和易經、老子、莊子……都是「先聖後聖」的，甚至於說三民主義都是合於「辯認法」的，黨營的書店也竟給他們大量印銷，可見吃了虧的人還是會執迷不悟的。我想，中共如果得知今天自由中國還頗有一些人在玩「唯物辯證法」（便是只玩黑格爾「辯證法」也好），必會竊笑這些祝朝奉們眞是不知死所了。

二十四、東北革命地方性

庚子之役（光緒二十六年），八國聯軍入據北京，帝俄鐵蹄，遍踏東北，所至十室十空，民間呼爲「大鼻子」或「老毛子」。小兒夜啼，脅以「大鼻子來矣」，必止。有爲俄人僕役者，則呼爲「二毛子」。此余兒時印像最深者。滿廷顢頇　既不能禦外侮，閱四年（光緒二十九年）俄兵甫去，而清丈事起，墨吏銜役，騷擾閭閻，四處敲詐，人民並銜之，抗捐拒丈，如火燎原。顧人宜、趙中鵠、劉雍諸先烈呶之咻之，全遼東西聚衆不下三萬人，搗機關，逮官吏，其事蓋有烈於四川「拒路」者。迄收回成命始已。斯鬥爭也，固無國民革命之意識，而頗具國民革命之行動焉。時，今中常委朱霽青先生方隨　總理東京，今總統府顧問錢公來先生在奉天耶教神學讀書，密輸同盟會宣傳品，並自辦刊物，崇同盟，排滿虜，倡征俄，顧人宜先烈與其族兄弟所謂「顧氏三傑」者輒爲神學座上客云。

又一年而日俄戰爭起，向之仇俄者均助日軍，遼陽袁金鎧、于冲漢以士紳爲日軍辦支應（袁于「九一八」後均附逆，其關係始於此），海城張作霖、錦州張作相亦以武裝爲日軍打游擊（張之政權與日人發生關係，亦起於此），窺其初衷，與吾人今日願與美國人爲友以抗俄者殆無不同也。顧先烈輩則計劃革命。會山東徐鏡清者同盟會會員也，直隸丁開嶂者。北洋鐵血會會員也，於日俄戰後，先後奉同盟會命赴瀋陽錦州宣傳革命，與顧先烈、張先烈（榕）、劉先烈（雍）、趙先烈（中鵠），段先烈（文祥）、朱霽青、張澍、錢公來諸公相結託，奉天神學遂爲東北革命之大本營。其後，北洋新軍入駐東北，熊成基、彭家珍、柏文蔚、藍天蔚（秀豪）、廖仲愷、左雨農、張繼（溥泉）、陳幹、高震（啓予）、張璧、戴天仇（季陶）先後從軍至，與東北黨人水乳，製炸彈（朱霽青先生右手中指爲之斷），結綠林，策反新軍，革命形勢如火如荼；顧余生也晚不能盡述；其可述者，聯日，反俄，排滿，則東北革命之獨特地方性耳。張澍先生語余：「當年吾人逃逋藪，爲大連埠及南滿站。入境，日警盤查，告以『克苦賣』，必放行」云。余詢先生「克苦賣」作何解？對曰：「同盟會與日人所訂密號」云。」（按：「克苦賣」似爲日語「革命」之音讀。）

二十五、辛亥東三省

辛亥革命爆發於舊曆八月十九日下午九時，適爲公曆一九一一年十月十日。民國成立後，臨時大總統　國父孫公頒佈明令，定十月十日爲雙十節，即國慶日，今已三十八屆矣。時余方四歲，從先祖妣宋聽黃眉故事。先考墨林公早已剪髮易服，來往城鄉，行蹤秘密，不知所忙者何事。每還家，先祖妣輒怒視其假髮良久，而背詈之爲「洋鬼子」或「革匪」，累夕不休，家人恐懼，家慈泣，余亦從之泣。一日方午，村中忽傳：「洋鬼子鉸辮子來了！」先祖妣覆余亘甕下，驚擾半日。余蹲暗甕中，頗欲一睹所謂「洋鬼子」者果何如人？甕重不可自啓。

「洪憲」變作，余從先考讀袁王綱鑑，稍稍請益辛亥事，語已不可復記，所得而述者，即革命前先考肄業「速成師範」，教師多爲南方革命黨。南方革命黨宣傳革命不去口，先考亦不自諱爲革命黨而已。猶憶民國二十三年左右，政府剿匪，先考猶語不肖曰：「光宣之際，清政府蓋呼革命黨爲『革匪』，而吾人未嘗以滿人呼爲『革匪』而餒。愈被呼爲『匪』，革命之心愈堅。今政府中人殆太不聰明矣！」先考墓草埋膝矣，吾人迄尚呼叛逆爲「匪」，宜乎北平僞組織之播鼓登場也。

辛亥之前，東三省人士頗有東渡留學者，如黑山朱桃（今中常委朱霽青先生）、與城吳蓮伯（景濂）均著籍同盟會。朱先生籍漢軍旗，在日習武備，聞「漢族反正」之說，大韙之。同盟會屢蹶於南方，於是發生革命策源地之爭，居覺生（正）、宋純初（教仁）認朱先生等所主「發難滿洲，直搗巢穴」不爲無見，宋公乃有奉吉之遊，其所著「間島問題」殆即東遊成績之一也。覺生先生似曾請命　國父，而爲東三省革命之指導人，此於朱先生辛亥革命失敗，退往煙台，組織「東北民軍」，即奉覺生爲總司令一事可徵。

朱先生於辛亥前數年返國，作日本人裝，剪髮西服，肩負「XX金煤礦公司大連出張所」木牌，與金戈（錢公來先生）、仝子明、朱子良遊覽黑山邊外草原，密結「馬賊」，製造炸彈，傷右數指。時黨人丁開璋、商啓予（震）、奉天錦州人張雨濃（澍）等組織「北洋鐵血會」；新軍第二十鎮管帶官施從雲、王金銘、楚人陳再生……均潛伏新軍中；熊成基則化名張麗齋，彈炸長春。誠如　國父自傳所述，當日之革命黨「不約而同，各自爲戰」，奉吉黑初不例外也。

二十六、辛亥東三省之二

辛亥八月武昌首義，不一月而反正者十餘省。次月二十二日，奉天省諮議局（頗似今日之省參會）議長吳蓮伯（本黨）以保安會準備會議名義，召集開會，準備對清廷獨立。新軍第二十九標統領伍祥楨及司道以下均列席，議定以私人資格，推舉第三省總督趙次珊（爾巽）爲會長。民政使張元奇執不可，謂須先徵趙督同意。傍晚，清軍步騎二十個大隊戒嚴，示威諮議局迤帶。晚八時，諮議局再開會，並定名爲「奉天國民保安會」，下設外交、軍政、財政、內政、教育、勸業、交通等七部，次珊爲會長，蓮伯、祥楨副之。趙氏謂「國民」二字未洽，拒充會長，後亦允就：蓋先圖緩和形勢，再謀消滅民黨云。

二十三日下午二時，「奉天國民保安會」宣告成立，新軍警察袖纏白布、降黃龍旗、改懸黃色旗，書「奉天國民保安會」字旗上，脫離滿清政府，各司道照常辦公。今東三省人士須熟記，此日也，蓋東三省三民主義革命之寶貴紀念日也。

於時別有張榕一派，雖亦民黨，而較積極，認吳蓮伯玩弄爾巽，志在爲官；爾巽則運用保安會，消滅民黨：張遂組「聯合急進會」以相抗衡，張任會長，柳大年副之。大年蓋密任「東三省民軍大都督」，一說為「東三省民軍總司令官」，與黑山「馬賊」取聯絡，此部「馬賊」即朱桃、殷得仁所編組者也。十月初，大年潛赴黑山縣屬之團山子，點編「馬賊」凡三千名，決秉機先克遼西迤帶，擴大兵力，入山海關、策應南軍。下旬，爾巽據報，電令寧遠州知州王玉泉捕大年，繫奉天獄，趙親鞫之，曰：「你得良弼介紹於我，委充營務處總辦，本要借重；誰料鬧出此事，你知罪否？」大年對曰：「我實行政治革命，並非個人主義！」時巡防營統領為張作霖（字雨亭，即後來之張大元帥），以大年所招「馬賊」中多有杜立三舊部，立三舊與作霖仇，作霖手決之，遂受招撫：於是請趙督殺大年。爾巽不允；顧即興大獄，逮「聯合急進會」會員多人，張榕逃之大連。作霖復以趙督心腹，時時排擊蓮伯，為後來蓮伯反張張本。

柳張為行動派，主力為「馬賊」；尚有藍秀豪（天蔚）一派，主力則為新軍。藍與商啓予（震）同隸新軍，位在商右，似為今團長級。其起義名銜，初為「中華國民軍政府臨時關東大都督」及「中華民國關東大都督」。新軍炮隊管帶劉躍龍，步隊管帶鄭及春、劉文衡，隊官蔡藻、包恭德、金鴻恩等均為秀豪密應；即「馬賊」歸順藍軍者亦號稱四萬人云。爾巽部在鳳凰廳（今鳳城縣）逮捕秀豪所派「辦理外交事宜」何秀齋者，即被害。秀齋文件中有委任狀一紙，文曰：

「中華國民軍政府臨時關東大都督藍，為提倡大義，恢復中原事：查有何秀齋。心志堅實，長於外交，堪以委任外交事宜。委任狀到，務期勤謹從公，俾軍政府得資臂助之效力，同胞享大平之幸福；切勿荒廢厥職，至負所望。須至委任者。右委任辦理外交事宜何秀齋收執。黃帝紀元四千六百零九年九月二十八日，中華民國關東大都督印。東字第十九號。」

（原文載民元出版：中國革命紀事本末）

時昌圖府（今遼北省昌圖縣）及榆樹縣左近聚五百人，係「馬賊」之受民黨改編者，軍火充足，向糧戶借用槍彈，均予借據。莊河（今安東省莊河縣）樸冠山者亦「馬賊」豪俊，毅然投誠民黨，衆二百人，奉秀豪委爲「協將軍」。後，爾巽據預定計劃，請調秀豪部開往灤州，與施從雲、王金銘等同遇害。趙且密令作霖剿捕民黨。次年，民黨勢屬蹶、蓮伯逃滬，霽青先生率部逃山東濰縣煙台，編爲「東北民軍」，覺生先生任總司令、朱氏任第一師師長。

清室覆、袁世凱以徐世昌繼趙爾巽，於是張作霖時代開始矣。

二十七、辛亥東三省之三

「奉天國民保安會」既於九月二十三日宣告成立，電達吉林巡撫陳XX（名待查），組織「吉林國民保安會」，固爾巽、蓮伯、祥楨同署銜名者。電於二十五日到省，陳定次日下午一時集會。屆時出席者達百五十餘人，各界畢集。陳撫主席，宣佈宗旨；後，諮議局長某致詞。均主維持公安，以救危亡。惟民黨之在教育界者，起立發言，主張「獨立」，反對「保安」，氣色慘烈，聲若洪鐘，顧不成；而「吉林國民保安會」案決，陳撫當選會長焉。並定次日再會。

二十七日之會雖集，但教育界拒不出席；其他各界代表者決將本界代表名單列呈陳撫，示贊同「保安」，反對「獨立」也。二十八日，陳撫通知呈單代表，定下午開會，討論保安章程。呈單代表以章程關係重大，先期集合諮議局，出陳撫所擬章程草案，付衆初審。教育界民黨先後登台，反對「保安」強調「獨立」如故。諮議員及呈單代表者漸亦同情民黨；決議不出席下午撫署之會，會乃流產。

迄合議告成、溥儀退位，吉林省始終在一塊「保安會」空招牌下，行使滿清之統治權。而吉林民黨有「同胞請看」一文，余去年得諸瀋陽舊書攤上，毛紙慘黃，下款署「民黨白」，有何題識，余親爲瓌寶，精裱之。瀋陽淪陷，付劫火矣。惜哉！原文錄入日記中，抄錄如次：

「現今大勢，不同往昔，凡我同胞，須知轉機。政府官人，暗無天日，上下相蒙，難與處矣。重征捐稅，猶未盈欲，藉端借債，國本作抵。眞我命脈，濟其私益，危亡痛禍，咸基於斯。

「革命新局，不得不立，勿將革命，誤會其意。推倒政府，罷黜污吏，性命犧牲，毫不顧惜！除弊興利，改革政體，爲公起見，別無希冀！民主立憲，是其宗旨，耘族排擠，豈其主義？謂爲排蒲，尤屬無稽：滿蒙回藏，咸與漢一，排滿謠傳，官忌所致。有心肝人，誰能信此？」

「民族盛舉，嚮應不急，身家性命，保護不易！倘仍醉夢，徘徊歧異，坐昧先機，誰貽後至？爾時反悔，又將何及？同志人士，南北漢旗，軍學紳商，不分畛域，共結團體，聯爲一氣。妖孽誓清，敢死矢志，共和目的，期連而已！」

「南省聯軍，指日來吉；此間志士，五百有奇：正事佈置，相機而起。君主威福，有朝無夕！同胞同胞，豈可執迷？信心泣告，應屬天職。切禱切禱，勿何漢斯！」

辛亥革命，聲勢愈北愈小。吉林如此，黑龍江自當每況愈下。巡撫周樹模接獲「奉天國民保安會」通電章程後，當然等因奉此，掛出「黑龍江國民保安會」招牌。直至十一月下旬，始由黑龍江中學堂學生發起，散佈傳單，呼籲每校公舉代表二人，組織「國民聯合會」。二十八日，用全體名義，呈請周撫，宣告「獨立」，改良政治。周置諸不理；「國民聯合會」便無聲臭矣。

二十八、詩經「周原膴膴、堇荼如飴」闡釋

太王更把祖傳的井田制度，帶到「周原」上來。「綿」篇續云：

「迺慰迺止，迺左迺右。
迺疆迺理，迺宣迺畝。
自西徂東，周爰執事。（註一）
………」

譯成白話詩，便是這樣：

「高興得很，便不再流亡，
向左邊向右邊展開奮鬥。
修成了田界築起了水溝，
鏟開了處女地培出了壟頭。
他們從西面往東面，

從北面往南面輪墾不休。」

「周原」太肥沃（「膴膴」）了，連草都是甜（「飴」）的，而周民族的井田制度又騁了。而每井的九百畝田，又被他分爲「公田」和「私田」。「大田」篇云：

「雨我公田，遂及我私。」便說這事。據孟子說：「井九百畝，其中爲公田。八家皆私百畝，同養公田。」孟子去田未遠，文獻有徵，不會如康南海所云「託古改制」的。「公田」所產生的糧，該是被叫做「公糧」罷！納爲國課，正是「篤公劉」篇的所謂「徹田爲糧」和「南田」篇的所謂「歲取十千（等於「有田一成」的「一成」）了。「公糧」爲「世祿」的來源，也正是軍糧。「私田」的耕者，正是公劉的戰士，秋天他們要被徵去打仗的。「田中有廬」，廬旁有「積」（麥垛）有「倉」（谷倉）。田裡種滿了黍稷，疆場上種著瓜果。——這是公劉在豳地創立的土地制度，眞是「耕者有其田」兼「戰者有其田」的了。

公劉傳十世而至太王（古公亶父）。當時，從北冰洋南牧的又一批古鮮卑人（玁狁），也發展到陝西西部的高原上來。太王被侵，舉族東下，沿著今陝西省的汧水（即西水），遷國於今陝西省的岐山縣（岐下）。那時渭水河谷還在榛莽未闢，如「綿」篇所云：「篤公劉」篇在描寫「迺積迺倉」，下接「迺裡餱糧，于橐于囊……。弓（註二）矢斯張，干、戈、戚、揚」！正說明井田和兵役的關係。也可以說，周代的兵制、戰略、戰術，是全由井田制中生出來的。洽是「生活條件與戰鬥條件一致（故蔣百里先生語）的制度，同時解決了生產和國防兩個大問題，只要周民族的兵車守得住「如砥」的「周道」（大馬路），便不怕敵人的兵車衝過來；如果周人的兵車打出去「其道如矢」，敵人也是招架不起的，（但「疆埸」卻擋不住古鮮卑人的騎兵。太王就憑著這種井田制度，向東前進，實始翦商）（「閟宮」），即蠶食商朝了。三傳而至文王，文王傳到武王，「纘太王之緒」，便鯨吞了商紂（車兵打敗了步兵）。武王以後，井口制度普遍推行：武王封伯禽於魯，「閟宮」載：「建爾元子，俾侯於魯。大啓爾宇（開墾井田）爲周室輔」，固是推行井田；便直到幾百年後宣王封申伯于謝（今河南省南陽縣），首先也是「王命召伯，徹申伯土疆」（「崧高」），「徹我疆土」，「于疆于理，至於南海」（江漢），還是推行井田制度。周朝的封建制度，在根柢上便是井田制度，若立在商朝的立場上看，一如俄史太林的「集體農場」也。

現在要談到這六章「北山」的正面文章了。井田制度是壞不得的。如果一壞，其他的影響不談，首先是徵兵制度也連帶地壞起來。大約西周末年，由於貴族勢力的張大，商業資本的發達，以及人口的自然增加等等，井田制度便相對地敗壞下來。到宣王十二年（公元前八一六）他已「不修籍於千畝」（史記周本紀），即不耕籍田，象徵著井田制度已壞到不值得宣王的重視了。這時，他早年封到謝地的申伯（或其子），已變成史大林，對周朝實行侵略，三十九年（公元七八九）戰於千畝；宣王的徵兵制度（由於井田制度的敗壞）在最後試驗中已考了零分，「盡亡南國之師」（史記周本紀），逼得他採用募兵制度，這就是所謂「料民於太原」（史記），「用「斗」「米」

僱傭太原人來當兵了（註三）。地少人多，自然不能再行井田；兵既是僱用來的，當然更不會「授田」。他們待遇太少，不得養活父母，才刨起草根樹枝來。一方，井田制度行了幾百年，造成了「溥天之下，莫非王土」的概念，這些雇傭兵便根據這一概念，提出「均田」的要求。他們又目睹官僚、地主（或者也有大商巨賈）的腐化，專說風涼話，而叫傭兵去南征北戰，於是便產生「北門」六章，這已到了幽王時代。我們從這詩上看出周兵的士氣，可以說是壞透了，所以申戎和犬戎只一進攻，宗周便告淪亡，發生了驪山的滔天大禍。孔門的詩序上說：

「小雅盡廢，則四夷交侵，中國微矣！」

「北山」當然在內。但不是什麼「小雅盡廢」不盡廢的問題，只是井田制度盡廢之故耳。

民國二十七年，我于役陝北。車過關中平原，麥田裡出現了東西平行的土壟，寬約四尺，高約尺五，距離極爲整齊，綿延百餘里不爽分毫，心頗怪之。後來我費了十年工夫，寫成一部周代通史，對於井田制度，考定確有其事。三十七年春，赴西安迺養，正值麥秋，飛機航到山西的永濟一帶，下窺麥田之間有壟，如衣帶聯駢，寬度劃一，由西向東，釐然成櫛。飛過黃河，達到關中平原以後，一望無際，較永濟所見尤爲整飭。基於我對周史的研究，當下我便明白，這正是周代井田的遺規了。土壟便是「疆」；土壟完全東西並列，也正是「南東其畝」的留痕。似（南畝已被商鞅開阡陌時廢去，而東畝迄尙存在。）可惜當時反對周有井田制度的「學者」不在機中，否則眞可實施「實物教學」了。我又想到，如果有人實地測量出兩壟之間的平方，則周代一里一畝的確數便可求得。倘能發掘，也許可以挖出周代農器—「錣」（鐵）的工具來（註四），以至「其軍三單」這句無人能講的詩句，或者也可以迎刃而解了。

自由中國國父孫中山先生遺教也很重視周代的井田制度。況有人在主張讀經，我是主張先讀詩經的。但不必往上去找「道德」，人之有德或缺德，和讀經沒有多少因果關係；（當然有少數的例外）；洽正可以到經裡去找「歷史」，便是孔子所謂「可以觀」的東西。我尤其主張一些地主們必須把經當作史來讀。「北山」六章大可有精讀的必要，爰錄原文如下：

一、
陟彼北山，
言采其杞。
偕偕士子，
朝夕從事。
王事靡盬，
憂我父母。

二、
溥天之下，
莫非王土。
率土之濱，
莫非王臣。
大夫不均，
我從事獨賢。

三、
四牡彭彭，
王事傍傍。
嘉我未老，
鮮我方將。
旅力方剛，
經營四方。

四、
或燕燕居息；（註五）
或盡瘁事國。
或息偃在床；
或不已於行。

五、
或不知叫號；
或慘慘劬勞。
或棲遲偃仰；
或王事鞅掌。

六、
或湛樂飲酒；
或慘慘畏咎。
或出入風議；
或靡事不爲。

註一：原文「周爰執事」，者依朱註，應譯爲「周人於是執行開墾的事」。茲將「周」譯意爲四面，「爰」譯爲輪流。古文「周」與「週」通；而左傳有「爰田」，註：爰易也，即輪流之意。

註二：「弓」爲量單位，今北方尚用之。

註三：「料」字已無人識，故註史記者均不懂「料民於太倉」何義。其實日本人卻還懂得，如「手術料」即手術費，「料」字實以「斗」「米」爲僱兵之費，即募兵也。

註四：「取厲取鍛」，朱註：鍛，鐵也。

註五：下列十二個「或」字，一位小朋友主張譯爲「有些人」亦可。

——四十二年刊於今日世界

二十九、誰是軍人的代表？

——獻給三屆陸軍節的陸軍代表大會

一

「軍人魂」三字由老人家親筆寫在軍校的大門上，不已經是二十六年了麼？我分明記得軍字寫成「軍」字這一豎都出頭了；但何以二十年以後，還要累得老人家來講「軍人魂」？可見寫一幅匾或講演一次，是不甚生效的。徐君的文章主張提倡曾國藩的一套理論，這，彷彿我也記得，「曾胡治兵語錄」不是也被翻印了二十六年？至於東方君，主張在兵學思想和軍制上著手，這是很中竅要的了。

或問：那麼，你的「處方」如何？

我主張，普遍而長期地發動一個「軍人哲學運動」，（或稱「軍人哲學教育」）。在這個「運動」（絕對不是一時的「宣傳」）中，我們要找出一位「軍人模楷」，並把這一位「軍人模楷」

永遠印在每一將士的心板上；而主要的還是，我們的兵學思想，軍人哲學，軍人風格，給遇制度，都要絕對依據這一位「軍人模楷」的遺訓學去，作去。請這一位「軍人模楷」永遠作軍人的代表。

這一位「軍人模楷」是誰？孫武？吳起？關羽？岳飛？文天祥？史可法？曾國藩？都不是。他是被人硬供在文廟裡的——孔子！只有他，才是千古軍人的代表！

二

上面所列的這位軍人，都是學習了孔子的一德一技，成爲軍人的代表。孔子應寫入中國軍人列傳的第一章。僅就孫武說，如果十三篇眞是孫武所著，那麼這位孫武至少要比孔子晚生了一百年（十三篇成書在戰國時代）。孫武提倡「軍德」，計「智、信、仁、勇、嚴」五字，實係就孔子三達德「智、仁、勇」三字之間，新增「信、嚴」二字，而「信」字尤爲孔子的常談，十三篇僅添一「嚴」字，自立一個體系而已。此外，關羽以「義」著（其實這還是「三國演義」上的說法）：「義」仍然是孔學。岳飛以「忠」著；「忠」當然是孔學。文天祥，史可法，曾國藩，更那一位不是孔子的門生？文天祥所說的「孔曰成仁，孟曰取義。惟其義盡，是以仁至！讀聖賢書，所學何事？而今而後，庶幾無愧！正是提孔子作他的「軍人模楷」。

孔子生在二千五百年前，那個時代是「文武合一」的時代。他是魯國殉職名將叔梁紇的血胤，「將門之子」。生而「懸弧」，這是周代的特殊軍事教育，比斯巴達的武士教育還早受七歲。孔子私淑周公，周公便是「出將入相」的全材，周公的「周禮」，正是一部文武奇書。孔子讀著這部書而長大了。不幸是他到了壯丁年齡，周代的貴族制度已崩潰，他未能入伍從軍，便作爲一個「一面自修，一面教書」的「教官」，既教文官，又教武官。

在他以前，兵學稱爲「強學」（康南海的「強學會」典出於此），分爲南北兩派。他綜合兩派，自成中派：

「子路問強。子曰：南方之強與？北方之強與？抑而強與？寬柔以教，不報無道：南方之強也，君子居之。衽金革，死而不厭，北方之強也，而強者居之。故曰：君子和而不流，強哉矯；中立而不倚，強哉矯；國有道，不變塞焉，強哉矯；國無道，至死不變，強哉矯。」（中庸）

南派爲「道德經」兵學，這一「柔」字，正是所謂老子兵學的精華；北派爲夏商周演化而來的兵學，今日魯豫大漢還留這種古風。而他的綜合兵學——和而不流，中立不倚，國有道不變塞，國無道至死不變，誠屬兵學上一大絕作，文天祥，史可法學得了「國無道，至死不變」七字，便可永垂不朽了。

他建立了完美的「軍人人生哲學」：

「知、仁、勇、天下之達德也。」（中庸）

自爲註解曰：

「知者不惑，仁者不憂，勇者不懼。」（論語：子罕）

今日的降將軍們如陳逆明仁，如果接受了孔子這種「軍人人生哲學」，成爲「知者」，何致爲毛逆澤東所「惑」？有些中國軍人們，如果是位「仁者」，何致變成失敗之主義？住在臺灣的軍人們如果是位「勇者」，必不屑去找出國護照？而孔子本身，正爲知、仁、勇三德具足的軍人，這有子貢的講評爲證：

「子曰：君子之道三，我無一能焉！『仁者不憂，知者不惑，勇者不懼。』子貢曰：夫子自道也」（論語：憲問）

三德之中，他又特別教授「仁」字：

「君子無終食之間違仁。造次必於是，顚沛必於是！」（論語：里仁）

「志士仁人，無求生以害仁，有殺身以成仁！」（論語：靈公）

「士，不可以不宏毅，任重而道遠。——仁以爲己任，不亦重乎？死而後已，不亦遠乎？」（論語：太伯）

「君子」之仁，還是對文武兩班學生說教；「志士」與「士」之仁，卻是專爲武學生說法了。孔子當時的所謂「士」，實爲「武士」，並不是今天四民之首的「文士」。軍人三德的引申，便是下列這些遺教：

「國無道，至死不變！」（上引）

二十九、誰是軍人的代表？

「事君能致其身！」（論語：學而）
「臨大節而不可奪也！」（論語：泰伯）
「不降其志，不辱其身！」（論語：微子）
「見危授命，見得思義！」（論語：子張）

這樣的「士」——軍人，不正是文天祥，史可法麼？「死且不變」，「見得思義」的結果，便是：
「上不怨天，下不尤人！」（中庸）「不伎，不求，何用不臧？」（倫語：子罕）果能如此，那會再作毛逆澤東？那會再作陳逆明仁？更那會「犯上作亂」？大處如此，小處自不待言：區區「軍人待遇問題」更不在這種軍人——「士」的心上了：
「士而懷居，不足以爲士矣！」（論語：憲問）能如此，誰還會去「強佔民房」？
「士志於道」，而恥惡衣惡食者，未足與議也！」（論語：里仁）
爭「羅呢」或「暹米」「糙米」的軍人，「未足與議」——眞不必來參加大會作代表了。

這上面是軍人的基本教育。而他日常所授的學術兩科，則有下列六種：

一、**禮教**——孔子時代的「禮」，是建國，治國，建軍，治軍的大經大法。因自夏殷，成於周公，可在今本殘缺不全的「周禮」「儀禮」中約略見之。可惜這些寶籍受漢奸王子朝的掠取和獨夫秦始皇的焚燒，早已零亂。雖經漢儒的整理發明，又被宋儒所穿鑿附會，遠失古義，成爲高頭講章，今天我們已不能窺見「周禮」的全豹了。——但孔子當時都「問」得明白，傳與他的文武學生。「禮」中所講的武德，軍育，軍制，軍備，軍紀，正是武學生所必修的。譬如一個男孩的出生，也便是他受軍訓的開始，由「懸弧」，「舞勺」，「舞象」，「舞戈」，到「士冠禮」，「士居禮」，「昏禮」，「喪禮」，甚至「士死禮」（此名係我私創；但確信當有此「禮」，如子路所云「君子死而冠不免」），純是軍人教育。

二、樂教——「樂」的主要來源，出於戰爭，這已被民俗學者所證明，中國當不例外。在夏商周各朝，「樂」當爲重要軍事教育之一。「周禮」中所述軍事教育，一個武士自出生到死事，無日不在「音樂」中生活。作戰更別有「軍樂」。孔子以此教人，範圍當然不限於「軍樂」；但「軍樂」必爲主要的「音樂」可知。

三、射教——古代以弓矢爲主兵。文武既然合一，習「射」自是基本軍訓。孔子教「射」，而自有其「射的哲學」，如「射不主皮」，晉代將杜預得力處，便在此句。如「君子無所爭，必也射乎」？也正是西洋自古以來的所謂「運動員的精神」。在孔子六藝之中，這是術科之一。

四、御教——古代以車戰爲主。諸侯千乘，天子萬乘，倘然沒有優良的駕駛兵，先自亂伍了，還說什麼作戰？這是孔氏軍校的術科之一。

五、書教——書教古誼已不甚可考，但可信的一點，便是絕不單指「寫大字」或「寫小字」。如以「尚書」（史）爲教，那裡邊自然是有兵學；如以「春秋」（亦「書」也）爲教，更是一部戰史了。即算專指寫字而言，也是作戰之所必需：試想「作戰計劃」不要寫麼？「命令」不要寫麼？「諜報」不要寫麼？「戰鬥詳報」不要寫麼？孔子的「書」教也是學術科的一種。

六、數教——從人到治國，人生無一日不與數字發生關係。從新兵的「報數」到大軍的統帥，更是絕對不能離開數學。古代用箭，算距尤要，即用石窍，也須測算。孔子的「數」教，無疑的是軍訓的要科。

孔子在兵學教育中的「中心思想」，乃是「尊王攘夷」。「尊王」今義是「擁護中央」，「攘夷」今義便是「反共抗俄」。「尊王」是「打倒軍閥」，「攘夷」正是「打倒赤色帝國主義」。

三

從上面，我們已經說明孔子是一位最優秀的「教官」。他開設過完備的私立軍校。現在我們再證明他還確實指揮過大戰，作過「統師」。

第一次，孔子是作了高級參謀。事在魯定公十年：

「夾谷之會，公將以乘車好往。孔子攝相事。曰：有文事，必有武備；有武備必有文事。古者諸候出疆，必具官以從。請具左右司馬。公曰：諾。頭谷之會遂復齊侵地。」（史記：孔子世家）

另據左傳及史記（家語中亦然），夾谷會中，孔子且曾執刃登壇，親戰齊君，那眞是參加戰鬥了。

第二次，他作了統帥。便是「墮三都」之戰。他要實行「打倒軍閥」，派大將再有和子路去討平二季的采邑。就左傳的記載看，這兩次是打過仗來。

他在未戰之前，主張「強忍」（即「士不可不弘毅」的「毅」）：

「小不忍，則亂大謀。」（論語：衛靈公）

在將戰之際，主張：

「臨事而懼，好謀而成，」（論語：述而）「懼」便是「愼」：

「子之所愼：齋，戰，疾。」（論語：述而）

他非常愼重「齋事」，「如在其上，如在其左右」。這原是民族時代作戰，齋於「社」的遺風。他更愼重疾病，「季康子饋藥。子曰：丘未達，不敢嘗。」此一「戰」字位在「齋」「疾」之間，固然可以使人明瞭他在戰役中的「小心謹愼」（孔明得力此「愼」字），也足證明他確實是作過戰的人——齋，戰，疾是他的三種生活。

他的戰略思想，更是上有古代戰史的淵源，下啓百世戰史的先路。首先是：

「道得眾，則得國；道失眾，則失國」（中庸）「堯舜率天下以仁，而民從之；桀紂率天下以暴，而民從之。其所令反其所好，而民不從。」（大學）

十三篇源出於此。原文曰：

「道者令民與上同意也。」這便是近代的所謂「精神總動員」，也是魯登道夫的「全民族戰爭論」。

二十九、誰是軍人的代表？

其次是他的「因國說」：

「桓，內無『因國』，外無『從諸侯』，而越千里之險，北伐山戎：危之也。」（穀梁傳，莊三十年）

「因國」古義，指由「內間」（第五縱隊）所建的「國家內的國家」及「政權內的政權」而言。（「中國之命運」中所創兩詞）。今人數典忘祖，釋這種偽組織為「附庸」，其實大誤。若釋為「兒皇帝」或「傀儡國」，始稱正確。（毛逆澤東的「中華人民共和國」便是孔子的所謂「因國」。）「從諸侯」則相當於今語的「與國」。孔子講評齊桓公北伐山戎一役，對於桓公在山戎之內沒有事先扶置偽政權，在北伐軍中沒有組成「與國」的「聯軍」，認為「危」險，足徵孔子是一個天才的戰略思想家

在魯哀公十四年，左傳載：

「齊陳恒弒其君壬於舒州。孔丘三日齋，而請伐齊三。公曰：魯為齊弱久矣，子之伐之，將若之何？對曰：陳恒弒其君，民之不與者半。以魯之眾，加齊之半，可克也。」

他正要利用「民之不與者半」的齊民，在齊國國內扶置「因國」——編組第五縱隊，內應魯軍作戰。這和今人所謂「滲透戰略，內應路線」有何不同？史記孔子世家中別有一事，與此戰略無異：

「孔子去陳，過蒲。會公叔氏以蒲叛：孔子遂適衛。衛靈公問曰：蒲可伐乎？對曰：可。其男子有死之志，婦人有保西河之志，吾所伐者不過四五人。靈公曰：善。然不伐蒲。」

這完全是「唯物辯證法」的戰略——利用「內在矛盾」，「正、反、合」的所謂「革命戰略」了。

這種戰略，周代有專名曰「沮」。孔子在「打倒帝國主義」。（北伐山戎）和（討伐叛逆）」之戰（陳恒和公叔氏）中。都力主用「沮」——戰略的「沮」。但他卻被戰術的「沮」打下政治舞臺，這是他五十八歲那年的事了，他在魯作大司寇行攝相事（司法行政部長兼代行政院長），孔子世家：

「齊人聞而懼，曰：孔子爲政，必霸。霸則吾地近焉，我之爲先并矣；盍致地焉？犂鉏曰：請先嘗沮之；沮之而不可，則致地庸遲乎？於是選齊國中女子好者八十人，皆衣文衣而舞康舞：遺魯君：桓子卒受齊女樂，三日不聽政：孔子遂行。」

齊國派來一批「女匪幹」或「女特務」，使這位大政治家不能「保防」，只好下野。

孔子在作「教官」教武學生的時候，雖然特別提倡「軍人魂」和「武士道」，認爲軍人必須「不恥惡衣惡食」，無須要求提高「軍隊待遇」，爲「成仁」都可「殺身」，唯「捨生」方能「取義」，區區「待遇」，眞是「於我如浮雲」。但這乃「軍人人生哲學」中應有之義，也是軍人應具的武德，是一回事；而他在自己主持軍政之時，或在教育將來可能主持軍政的學生之時，卻另有一回事——這是一番爲後人熟讀大學中庸而始終不懂（？）的大道理：

「忠信，重祿，所以勸士也！（中庸）

「尊其位，重其祿！」（中庸）

二十九、誰是軍人的代表？

「官盛任使！」（中庸）

「忠信」今語即「主義」亦即「軍人人生哲學」；「重祿」今語即「優厚的薪餉」。對於軍人——「士」，要予以「主義」的薰陶，革命的洗禮，這是「軍人魂」；同時必須給他足用的或優厚的待遇，茲姑名之曰：「軍人魂」。唯心的力量加上唯物的力量，才能成為眞正的力量。否則，耑「賣膏藥」，不顧現實，只能要求少數君子，不能要求多數小人，因為：「君子固窮；小人窮斯亂矣！」（論語：衛靈公）這是何等的通透人情？何等的通達治體？他的三傳弟子孟子，尤其懂得這一軍需大事，他主張：

「中士倍下士，上士倍中士，大夫倍上士！」

「下士」等於今日的上士，「中士」等於今日的尉官，「上士」等於今日的校官，大夫等於今日的將官。「下士」一人，授田百畝，「八口之家可以無飢矣」。中士，二百畝養十六口人，「上士」四百畝，養三十二口人，「大夫」八百畝，養六十四口人了。受這樣待遇的將官還會向毛逆澤東去「靠攏」麼？受這樣待遇的士尉校官還會「吃空名子」麼？

誰說孔子是「迂儒」？他眞正是空前絕後的大軍事家，大戰略家。

四

孔子的軍事教育，造就了兩位優良的將帥。第一人為冉有：

「冉有爲季氏將師，與齊師戰於郎，克之。季康子曰：子之於軍旅，學之乎？性之乎？冉有曰：學之於孔子。季康子曰：孔子何如人哉？對曰：用之有名，播之百姓。」（史記：仲尼弟子列傳）

冉有自認並非天才軍事家（所謂「性之」），而「係學之於孔子」，這爲孔子曾作「教官」的確證。

第二人便是子路了。據仲尼弟子列傳：

「仲由字子路，卞人也（按：這是河南大漢）。少孔子九歲。子路性鄙，好勇，力志伉直。冠雄雞（按：斯巴達式或印第安式），佩猳豚，陵暴孔子。孔子設禮（按：軍紀，軍禮），稍誘子路。子路後儒服委質，因門人請爲弟子。

「子路問：君子尚勇乎？孔子曰：義之爲上。君子好勇而無義，則亂；小人好勇而無義，則盜。子路有聞，未之能行，唯恐有聞。孔子曰：由也好勇過我，無所取材。若由也，不得其死然。衣敝縕袍與衣狐貉者立，而不恥者，其由也與？

「子路爲大夫孔悝之邑宰（按：校級的專員兼保安司令）。蒯聵乃與孔悝作亂。子路在外，聞之而馳往，遇子羔出衛城門，謂子路曰：出公去矣，而門已閉，子可還矣，勿空受其禍！子路曰：食其食者不避其難！子羔卒去。有使入城，城門開，子路隨而入。

「造蒯聵。蒯聵與孔悝登臺。子路曰：君焉用孔悝，請得而殺之！蒯聵勿聽。於是子路欲燔臺。蒯聵懼，乃下石乞，壺黶攻子路，擊斷子路之纓。子路曰：君子死而冠不免。遂結纓而死。

「孔子，聞衛亂，曰：嗟乎！由死矣！」

子路在指揮作戰上雖然不知是否可以趕得上冉有；但他具備完美的「軍人魂」：不怕死；「食君祿，報王恩」，絕不逃避；「結纓而死」，更是何等從容？何等莊嚴？何等偉大？實救孔悝，故曰「殺之」，竟也懂策略，不類老粗了。如果今天有這樣一位將校，風行草上，有處「看齊」，則傅逆作義不會「局部和平」，康澤也不會偷生苟活，陳逆明仁更不會「謝本師」而「起義」了。

但是，正因爲孔子這樣善於教將，落得作了大半輩子「教官」，沒有用世。我們看史記：

「楚昭王將以書社地七百里封孔子。令尹子西曰：王之使使諸侯，有如子貢者乎？曰：無有。王之輔相，有如顏回者乎？曰：無有。王之將帥，有如子路者乎？曰：無有。王之官尹，有如宰予者乎？曰：無有。」（孔子世家）

孔子固然未必受封；但子西爲楚國元帥，對子路都要自愧弗如，可見孔氏軍校教育的一斑了。

或曰：論語載：「衛靈公問陳于孔子。孔子曰：俎豆之事，丘嘗聞之矣；軍旅之事未之學也」。明謂孔子不通兵事。君本文云云，亦是穿鑿。對曰：這是他的推托之辭；或孔子確不善作排連長耳。但他未必不可爲大元帥也。

五

孔子的軍人風標，傳至漢代，孔明關羽各得其一體；東西晉羊祜，杜預，謝安，也學其一枝一葉。唐代雖然確立了「儒將」一詞，但所謂「儒將風流」者，實是「儒」表而「玄」裡——晉人風度僞裝了「儒將」，這是一小劫。宋代更把孔子的武裝完全解除，千年以來，孔子門徒僅成爲「愧無半策匡時難，惟餘一死報君恩」（甲申殉難錄）的消極無用的文人，這是大劫！晦庵一部「四書集註」誠然遺禍國族匪淺了。我今講「眞孔學」，揭去玄學理學的僞裝，還原了孔子的本來面目，未必無人對我「大笑」！但此時此地，要請關心中國興亡的人士，作一番理智的反省：我們除了找出眞正的軍人代表，樹立「軍人模楷」，還有什麼其他唯心的力量可以鑄造「軍人魂」？我們除了祈求「新儒將」的誕生還有什麼更高的希望？

新儒將守則試擬如下：

一、仁爲己任（泰伯）
二、至死不變（中庸）
三、知者不惑（子罕）
四、勇而有禮（陽貨）
五、臨事而愼（述而）
六、好謀而成（述而）
七、見利思義（憲問）
八、不伎不求（子罕）
九、忠信重祿（中庸）
十、令從所好（大學）

一至八以修己，九至十以治軍。守此十則，便可以作軍人代表，「軍人魂」於是復活！

但，這需要一個長期的「運動」，並且要有實際的「修養」；而不是一個一時的「宣傳」，或空口的「說法」，所能濟事。

——四十七年反攻月刊

三十、中華民族中之塞外居民

——致張其昀先生書

大作中華五千年史自第一冊出版，尺子即逐冊購讀，並介紹及指定學生作參考書。三十年來，「疑古」歪風籠罩史學界，凡寫中國通史者均不肯自三皇五帝寫起，置史記於不問不聞，論虞夏爲「傳說時代」，將國史短縮爲三千餘年，誠文化、史學之大不幸時代。先生之書獨排衆議，窮源溯流，寫成正史式之中國史，嘉惠後世，誠非淺鮮！但有一重要史實，不知先生於第六冊中將如何下筆？此即「胡」人問題。

在現存史籍中，除司馬氏以外，無不視「胡」爲外國人；「胡」之一系如「匈奴」、鮮卑、（突厥在外）、羯羝、女眞、契丹、蒙古、滿洲，均稱王朝，列入二十五史。如以外國人視之，則所謂「正史」者豈非認賊作父之歷史乎？二十九年，尺子爲此問題，請教　張溥老，拙文刊爲重慶益世報專論。溥老時住李子壩，賜酒論史，快談迄夜，崔夫人亦在座。溥老初堅持此均爲「異族」，並謂本黨革命即爲「驅逐韃虜」。經尺子以當時八年研究滿蒙回藏語文及深入蒙古考察結果，作詳細報告。最後溥老亦允考慮尺子所貢獻之意見。尺子以爲現存蒙回滿藏人均爲夏殷殖民，其證據是：一、此各族均爲黃種，穿上長袍馬褂，分不出漢蒙回藏；二、其文化、宗教（滿之薩滿教，蒙之喇嘛教的原始黑教），風俗均與先秦相同；三、主要爲語言相同，滿蒙藏回（除去其中之阿拉伯語）語言，乍然聽來，如北平人聽廣東話，直似外國語言；但吾人學習蒙古語文八年，知其每一字及文法完全與我國古語及古文法相同（當時舉例凡一二小時，溥老逐字手記之）。因爲他們用古音，漢人用七百年來近代音，故彼此聽不懂。四、我們古史亦曾記載「桀之子，妻桀之衆妾，避於北野」及箕子東遷，秦時修長城，工人多亡入匈奴等記載。夫漢滿蒙回藏之人種、文化、宗教、風俗（憶當時曾舉纏回吃「抓飯」，與曲禮所載周朝吃「抓飯」等例）既在古相同，而語言又完全相同，且有歷史記載移殖經過，若再說滿蒙回藏爲外國人即「異族」，恐非學者及政治家所應抱之態度。溥老囑尺子繼續研究。迄今前後三十年矣，尺子已將匈奴語、鮮卑語（載於各史者）及遼、金、元語（刊於遼金元三史國語解，南港有孤本）大體讀通，並將現存蒙古語一萬八千個逐一認出：確實證明匈奴、鮮卑、契丹、女眞、蒙古、滿洲、纏回、西藏語皆爲中國語。惜溥老早歸道山，不及見矣。

先生爲尺子在稚老溥老外所最欽服之長者，因亦關心大著對於二千數百年中「胡」人如何下筆。查「胡」，日人白鳥庫吉以爲係 hurnun（蒙古語「人」）之 hiu 的譯音，其說自民國十餘年發表，流行迄今。其實不然，蓋「胡」爲蒙古語—古匈奴語匪虜賊 hulagai（匪）之 hu 的譯音，戰國趙以其掠擄而稱之爲「匪」；秦漢名之爲山戎 Sina irgen 即「匈奴」（Si na）；東漢又名之爲「胡虜」（hulagai）；南宋仍名之爲「胡虜」（滿江紅），皆以「匪」視之，非以外國人視之。此一文字之認出，使中國史眞象大白，而二十五史以遼、金、元史爲正史，亦不覺認賊作父矣。以上用羅馬音符所寫之字，均爲滿蒙回之通同語。此種語言乃甲骨文未造成以前之夏殷語。甲骨文根據此種語言造成形符字，例如 humun 即造成「氓」「民」兩字，hulagai 造成「匪」「掠」「賊」三字，Sina 造成「山」「崖」二字，irgen 造成「人」「儿」兩字……以後中原人用形符字，迄今凡三千六百年，遂成單音之漢語；而夏殷以後移殖邊疆之中國人仍說此等古語，迨其造成回、蒙、滿文後，遂與中原文字迴殊；於是彼等不自知其爲中國人，中原人亦不知彼等爲古中國之殖民矣。

尊著第六册寫戰國，當有趙武靈王胡服騎射一章成一節，以後—秦漢迄今各册，無不遭遇「胡」人問題，如「五胡亂華」，遼金入主北方，滿蒙入主中原，直至今天尚有滿蒙回藏廣大地區及少數人口，皆自知其與「胡」有關。若吾人仍以外國人視之，則此少數人所佔之廣大地區終非中國所有矣。

先生之史，爲國民黨學人所寫之史，將採俗說以「胡」爲外國人乎？抑據司馬氏之說，以爲「匈奴者夏后氏之苗裔」耶？善哉！蔣復聰先生曰：「中國史將五胡列爲外國人，於是中國史只得半部！」善哉！李濟先生曰：「中國史爲秦始皇修長城所誤」，「內外蒙古及西伯利亞乃中國人更老之老家！」此等史識，頗有所採擇，則國史幸甚。去年尺子發表論文兩篇，一談蒙古語與國文之關係，一由蒙語證明「龍」爲「獅」及「鳳」爲「孔雀」。合訂一冊，寄請指正。拙著「夏殷語文典」（將一萬八千個蒙古語譯成國文）第四稿已成六册，如承賜閱，當送上參考。

——民國五十三年一月十二日

三十一、夏語殷文干支源流考

自國民大會通過「西伯利亞應正名爲鮮卑利亞」案，並影響著作家出版約五十餘種圖書，採用鮮卑利亞一詞，凡中學生以下均知「西伯利亞」係鮮卑利亞之誤譯，而鮮卑利亞本爲中華民族「更老的老家」（李濟博士語，見所著「記小屯出土的青銅器——鋒刃器」）矣。其後，余曾遍蒐中國古史關於鮮卑利亞之記載，四十二年發現鮮卑利亞在書經禹貢上寫爲「織皮」（音試比），在汲冢周書上寫爲「絕轡之野」（絕，古音色，轡，古音必），在穆天子傳上寫爲「西北大曠原」。四十三年又由山海經上查出鮮卑寫爲「奢比」。並知山海經係夏、商、周、齊、楚等朝等國繪於宗廟中之壁畫，所記山水人物均爲我國四千七百年至二千三百年前之歷史山水及歷史人物，依近代地理位置考較之，其山水均在地中海以東、黑海裡海左右、整個中央亞細亞及鮮卑利亞，以及新疆、內外蒙古、西北各省、東北九省，無不一一繪於夏、商、周……宗廟之中。此種壁畫寫成書籍，即今天吾人所能讀到之山海經。誠我國之瓌寶，世界唯一之古史地書也。

由於讀山海經，見其山名水名鳥名獸名草名木名人名神名均與阿爾泰語族中之蒙古語爲近，如「昆侖」即蒙古語 gurlugui（邱）之 gur，「錢來」即匈奴、鮮卑語之 tegri（天），「青鳥」即蒙古語之 Huhe Garodi（Huhe 青色，Garodi 鳳凰），「人面龍身」神像之「龍」即蒙古語之 Arsalang（獅）……，加以鮮卑、織皮、絕轡、西北、奢比五詞，用六朝以後中國字音讀之，聲韻顯然各別；若依蒙古語 S、B 兩母七聲讀之，識者必知係屬一詞：基於上述兩點理由，余遂「大膽的假設」山海經原文係用阿爾泰文所寫；至戰國時始譯成篆文，漢代又改爲隸書。

此係四十三年之「假設」。爲「小心的求證」計，乃重溫二十餘年前余所學習之蒙古語。一年之後，余非但證實山海經原文爲阿爾泰文，且獲得意外結論：即我國夏朝人用阿爾泰語；至殷周兩朝始將阿爾泰語全部造成「方塊形」之字。此即四十四年七月十六日所寫「夏朝的語言」（見「大學雜誌」一文所云：

「原始的夏語，我以爲還存在著：存在於今鮮卑語（所謂通古斯語即滿語）蒙古語和維吾語中，即所謂阿爾泰語中。」

又云：

「夏朝人所用者當爲今之所謂阿爾泰語；若今之中國語，則似由殷人截取夏語之母音而爲之者。易言之，中國語殆由阿爾泰語之第一音截取而來，至甲骨文始成字。」

在「夏朝的語言」發表後，續於四十五年五月，在「反攻半月刊」（一五六期）刊出「甲骨文的秘密」，並於四十五年九月，在國語日報「語文周刊」（四〇五期）揭載「蒙古的語言」兩文，列出「漢蒙語根對照表」，證明漢字與蒙語同根：

漢蒙語根對照表

十二屬肖	漢字	語根	蒙語	語根
子—鼠	貉	H	耗勒嘎	H
丑—牛	物	W	臥赫勒	W
寅—虎	虤	B	巴勒斯	B
卯—兔	兔	T	逃來	T
辰—龍	龍	L	阿拉沙龍	L
巳—蛇	蟒	M	蟒蓋	M
午—馬	馬	M	冒瑞	M
未—羊	羊	I	以罵	I
申—猴	猴	H	哈木介	H
酉—雞	雞	T	塔奚亞	T
戌—狗	狗	G	狗勒格	G
亥—豕	豥	G	嘎亥	G

看上表，知十二屬肖（宿）語根「完全和阿爾泰語的蒙古語母音（語根）相同」（「甲骨文的秘密」），「足以證明中國字（語）是截取阿爾泰語母音即夏語音節而造成的。我們如果找出每一

個中國字的古寫和古（殷、周）音，拿來和阿爾泰的母音及意義相同的語，作個對比，則兩種文語之爲同源是可以完全證實的。」（「甲骨文的秘密」）

四十五年全年公餘時間，余從記憶中之蒙語，覓出漢蒙同根者，約六百餘個。在此過程中，始知殷周造字時，非僅截取夏語即阿爾泰語語根，抑且截取語幹（第二音）與語尾（第三、四音），乃至若干個夏語之全音均造成漢字，即甲骨及鐘鼎文。是年底發表「鮮卑地方譯名訂誤」於中國邊政協會年刊，將夏語（阿爾泰語）寫成殷文（今漢字）之過程，作一結論，云：

「夏人所用爲阿爾泰語，就是今天滿、蒙、回（除阿拉伯語）所用的共同語，余另有考，見大學雜誌、反攻半月刊及國語日報拙文。今天的滿蒙回共同語早在商朝就簡化而成爲漢語了。簡化的方法是，由造字人截取夏語——阿爾泰語的某一音節，造成甲骨文。以後，住在中原的人便只念一個單字即一個音節；而住在邊疆——今鮮卑地方、蒙古地方、中夏地方（中央亞細亞）及東北的人，則仍念複音。例如阿爾泰語的『討魯蓋』寫成爲漢字的『頭』『顱』『頁』……這種確證已不少於六百個。」

由四十四年發現「中國語殆由阿爾泰語之第一音截取而來」，至四十五年證實中國語（漢語）不僅截取阿爾泰語第一音，且截取阿爾泰語之腹音、尾音乃至全音，得出「夏人所用爲阿爾泰語，就是今天滿、蒙、回所用的共同語」之結論。

四十六年，由日本購到「蒙和辭曲」，係蒙古學者韓穆精阿先生增補「三合便覽」（滿漢蒙字典）而用羅馬字母註音之蒙古字典，利用課餘全部時間，精讀一年，至四十七年，余由阿爾泰語族之蒙古語系中查出漢蒙同音之字，爲四十五年「六百個」之十倍即六千個左右，均一一記於「蒙和辭典」書眉之上，並擇其確無可疑者記入段著「說文解字」每一字下，如「元」一漢字即一 Uk，「天」一漢字即記一 Tekri……說明夏語（蒙語）之 u 即漢字之「元」，Te 即漢字之「天」：於是「元，兀聲」，「天，顚也」所有「說文」保存之古聲，一一得其確解，而中國漢字出於阿爾泰語之某一音，毫無疑問矣。

試舉爾雅、離騷、史記、淮南子四部公元前作品中保存之夏語，即「焉逢」（天干甲字）「困敦」（地支子字）共二十二詞論之，爲有史以來中原學者所不解：余現查出其中十二個字爲蒙古語：

漢蒙干支對照表

漢文	蒙語	
甲——焉逢	待查	
乙——旃蒙	Duktoimui 苗出土	Dumui
丙——柔兆	Undurgamui 興盛	Undu
丁——強圉	待查	
戊——著雍	待查	

己——屠維	待查	
庚——上章	待查	
辛——重光	chagakchin 十干之辛	chaga
壬——玄黓	Hara 黑	Hara
癸——昭陽	待查	
以上天干十字		
子——困敦	Gdimal 垂頭	Gùdù
丑——赤奮若	Chihirlèmin 萌芽	Chhile
寅——攝提格	Setgui 有消息 Nidulegulumin 被看見了	Setgui Nidulegu
卯——單閼	Tariya 見苗	Taya
辰——執徐	Jirmusun 結子妊娠	Jiu
巳——大芒落	Denumel 老衰	Deme
午——敦牂	待查	
未——協洽	待查	
申——涒灘	待查	
酉——作噩	待查	
戌——閹茂	Ichimui 羞見人隱藏	Imui

亥——大　淵獻	待查
以上地支十二字	

上表「焉迎」「困敦」一望而知係漢文以外另懂文字之譯音。此二十二個詞，經余考定係「夏朝語言」，因漢武帝「行夏之時」而頒「太初曆」時，全用此詞，可爲確證。余所見滿、蒙、回、藏、越、韓、日各種字典，均依中原漢人使用干支方法譯成其本土文字，如滿蒙語天干均用「五行」（青紅黃白黑），地支亦用十二屬肖。余之查法，係依照「漢書」所載「焉逢」、「困敦」本義本音，再向蒙語中覓其同義同音之字，而後得之。蒙語字典作者及蒙古同胞亦均不知此二十二詞之原義乃干支矣。

「焉逢」等字既爲夏語，今乃於蒙語中保存，可證蒙語確爲夏語。

再舉天干十字言之：甲、乙、丙、丁……見於甲骨，是爲殷字，亦即今之漢字。三千六百九十五年前即殷太甲元年，已習用干支紀日（董作賓先生：「量天尺」）；但自殷至今尚無人了解甲、乙、丙、丁……古義爲何？古音爲何？現亦由蒙語中得之：

夏語殷文天干源流表

	夏語	殷文	說文	解聲	備註
一	Nige	甲	「甲，始於一，見於十。」「古狎切。」	甲，Ge聲。夏義爲一。	
二	HoYar	乙	「於筆切。」	乙，Ya聲。夏義爲二。	
三	Gurba	丙	「兵永切。」	丙，ba聲。夏義爲三。	
四	Durbe	丁	「當經切。」	丁，du聲。夏義爲四。	
五	Tabu	戊	「象六甲五龍相拘絞也。」「莫候切。」	戊，u聲。夏義爲五。	唐音誤。
六	Jirgoga	己	「易之數：陰變於六，正於八。」「居擬切。」	己，ji聲。夏義爲六。	
七	DoloGa	庚	「古行切。」	庚，Ga聲。夏義爲七。	
八	Naima	辛	「息鄰切。」		辛另有夏語。
九	Yisu	壬	「陰極，陽生。」「陽之變也，象其屈曲究盡之形。」「如林切。」	壬，Yi聲。夏義爲九。	
〇	Arba	癸	「居誄切。」		癸爲segul（尾）

夏語（今蒙語）「一」念 Nige（國音音「倪個」）：殷文（今甲骨文）截其尾音（Ge）制為「甲」字，或假借為「甲」字。夏朝的本義是「一」：殷朝「甲」字用於記數，本義也是「一」。說文：「甲，始於一，見於十」，足徵東漢時代仍知「甲」與「一」有關：惟解說已嫌含糊矣。

「二」念 Hoyar（「號訝勒」）：殷人截其腹音（Ya）制為「乙」字，或假借為「乙」字，本義為「二」。

「三」念 Gurba（「姑勒巴」）：殷人截其尾音（Ba）制為「丙」字，或假借為「丙」字，本義為「三」。

「四」念 Durbe（「埰勒簸」）：殷人截其頭音（du）制為「丁」字，或假借為「丁」字，本義為「四」。

「五」念 Tabu（「塔布」）：殷人截其尾尖音（u）制為「戊」字，而非假借為「戊」字，本義為「五」。說文：「戊，象六甲五龍相拘絞」，足徵許君仍知「戊」與「五」有關。

「六」念 Jirgoga（「及勒勾嘎」）：殷人截其頭音（ji）制為「己」字，或假借為「己」字，本義為「六」。

「七」念 Dologa（「兜摟嘎」）：殷人截其尾音（Ga）制為「庚」字，或假借為「庚」字，本義為「七」。戰國趙譯「七」為「檐襤」，漢譯為「蹄林」，北魏譯為「豆落干」，近譯為「多倫」。

「八」念 Naima（「奈馬」）：殷人以「辛」當「八」，可以推定：但夏朝語言「八」必非 Naima，因其頭腹尾均缺「辛」聲也。此當係蒙古人所接受之外來語，而非夏朝的原語。

「九」念 Yisi（「以溯」）。殷人截其頭音（Yi）制爲「壬」字，或假借爲「壬」字，本義爲「九」。

「零」念 Arba（「啊勒巴」）：殷人以「癸」當「零」，可以推定：但夏朝語言「零」必非 Arba，因其頭腹尾均缺「癸」聲也。此當係蒙古人所接受之外來語，而非夏朝的原語。惟「零」則係截取 Arba 中之 r 所制，依例無問題也。

右表及說明，指出殷文甲、乙、丙、丁……乃係夏語一、二、三、四……等數目字。換言之，夏朝人之一、二、三、四……即殷人及周秦漢人之甲、乙、丙、丁……而今蒙胞所說之一、二、三、四……仍爲夏人之甲、乙、丙、丁……也。

總之：中國自夏朝起實用阿爾泰語——滿、蒙、回共同語：迨殷朝始截取夏語之某一音節或全部音節，造成殷字，逐漸變成今用之漢字。漢藏語族實爲阿爾泰語族之進化。

余寫此文之目的，在敘述余發現夏朝語言之簡單經過，證明拙著「俄帝侵華史」及主張「鮮卑利亞爲中國領土」爲百分之百正確者。鮮卑人、蒙古人、回紇人（回紇即回鶻譯自 Huhedi 即 huhe Garodi，青色的鳳凰）實「夏后氏之苗裔」（司馬遷語）也。

附註：「夏語殷文天干源流表」第五欄「解聲」係拙著「說文解聲」之省稱。此書自去年開始寫作，預計五年內竣事。尚望中外漢學家賜予指正，俾以顛沛餘生完成此一千古不傳之拙著也。

——四十七年戰鬥青年

三十二、蒙古的語言
——紀念成吉思汗三月會

想著想著，夏曆三月二十一日的伊金霍洛「三月會」又快到了，應該寫點文字，紀念這位民族英雄。打開日報一看，旅台蒙族人士也正在籌備紀念會。幾年以前，曾應XX日報之邀，寫過一篇伊金霍洛的記事，載在當天的副刊，另有一篇記敘成吉思汗陵奉移經過的拙稿，未見退回，似乎已經跟著該報同遭回祿了。今晨特意翻換存稿，想看看過去寫了一些什麼？伊金霍洛記事一文偏偏未經剪存，成陵奉移往過也找不見原稿了。但成吉思汗總該在這一天被全部中華民族所紀念著，乃至應被整個自由世界所紀念著的，因為他之派遣哲別，速不台兩員大將，由中亞翻越高加索山脈，收復董河（頓河）、維吾河（窩瓦河）流域，及後來他的嫡孫拔都遠征冰河（而「墨斯科」的蒙語原義）、烏拉特族（今譯「維拉地密爾」，誤），建立欽蔡汗國，建都薩萊（今「薩拉多夫」），凡二百四十年，就正確的歷史意義說，那實在是一場民族解放戰爭，也就是被斯拉夫人侵略奴役數百年的蒙古自由戰爭，並不是什麼「黃禍」。在今天舉辦「三月會」，遙祭成吉思汗，應是饒具意義的。這一頁歷史被西方作家誤解了七百多年，直到拙作「拔都傳」在台出版，才被人認識了眞正的史實。在今天，我不想再寫浮光掠影的文字，僅供讀者公餘飯後的遺懷：擬把幾年來發現的漢蒙語同根問題，淺顯而概括地談一談。讓我們了解，在表面上漢語和蒙語完全是兩種語言，一屬於所謂漢藏語系，一屬於所謂阿爾泰語系，而在古代，在基本上，漢語中卻似乎有不少古蒙語的「截頭語」。

爲了解答漢語裡似有古蒙語的問題，我們先從眼前言語談起。我們每天必做的事必說的話是「吃飯」（chy-fann），這是北平語：台語則說「呷飯」（jea-beng）：客家則說「吃飯」（chy-baan）：而蒙語卻說成 bdah-yudih。bodah 是「飯」，語根爲B，yudih 是「吃」，語根爲 y。用今音念起來，這分明是三種語言，若用古音古義講起來，便具有出人意外的意義了。查「飯」係形聲字，從「反」得聲，古必音「板」（baan）而不音「反」（faan），即語根爲B而非F：所以台語念 beng，客字語念「板」，語根爲B，乃是正確的古音，非唐以後音：蒙語念 bodah，語根也是B，可寫爲「餅」，音「補椀切」即音「板」（baan），且爲古「飯」字，見玉篇，這說明國語「飯」字念 fann 乃是今音而非古音：反之，台語念 beng，客語念 baan 及蒙語念 bodah，全用B作語根，乃是眞正的古音。——換句話說：漢語的「飯」和蒙語的「餅」乃同一語根。又查國語「吃」、「呷」、「咽」三字，以「咽」（yann）字爲最古，孟子「三咽然後耳有聞，目有見」，「咽」實爲古吃」字，語科爲 y。——換言之：蒙語的 yudih 可寫爲「咽」，和漢語古

「咽」字乃是同一語根。如此說來，北平語的「吃飯」固然便是台語的「呷飯」，客語的「吃飯」，這是人人所解；就是北平語的「吃飯」也可能是蒙語的 badah——yudih，可寫爲「餅咽」，兩者在語根上是完全相同。語根相同，便屬於同一語系。我們不妨試查任何人種的言語，絕沒有和Y、B同語根的「吃飯」兩字，就可以證明。

上面我說漢語的「吃飯」而蒙語的 bodoh——yudih，在語根上固然是完全相同，證明漢語蒙語出於一根；或問：語根雖然相同，語法卻是不同，「吃飯」是動詞在賓詞之前，而 bodoh——yudih 則是賓詞在動詞之前，何得謂「漢蒙同語」？我可以答複這位問者：中國古代（乃至近代）語法，正是賓詞在動詞之前，而今人所謂「倒裝句」爲我們常說的「飯吃了嗎？」；若今之動詞在賓詞之前的「正北之句」，爲我們也說「吃飯了嗎？」卻是殷周以後的語法。近代學者，頗有考證，通字便知，不煩具引了。

這說明古漢語裡一部分的詞，可能是「截取」古蒙語即夏——匈語的語根而造成的，也可以說：古漢人所用的一部分語言可能和古蒙古人是一種語言——阿爾泰語。上述古漢語的「飯」而古蒙語的「餅」（bodoh），古漢語的「咽」（yudih）也即古蒙語的「咽」，諸如此類，現在已經可以舉出一二百個詞了。這裡最標準的詞，是十二宿（星），而十二辰，也即古代直到今天漢人蒙人一改習用的十二屬肖，漢蒙語竟根是完全一致的。

按十二宿是子—鼠、丑—牛、寅—虎、卯—兔、辰—龍、巳—蛇、午—馬、未—羊、申—猴、酉—雞、戌—狗、亥—豕。中國人懂得這十二顆星並以爲其中某一顆是自己的「命宮」，當起於堯典所載帝命羲、和「敬授人時」的時代，距今已是四千多年了。確實有書可考的是左傳的「辰尾」和楚辭的「辰星」，都指龍星即辰—龍而言。子、丑等十二字都有古音，爲子的古音爲「困敦」，丑的古音爲「赤奮若」……見爾雅、淮南子及史記。二千年來，早已沒有人懂得這是什麼語言了。現經認出「困敦」即今語「蝌蚪」，也即古匈語的「孤塗」（見史記），古義爲「卵」，義借爲「子」，漢代又借爲「胎養」。其他地支十二字及天干十字，正在認釋中，還不能作出確實的結論。大約古夏朝十二星的第一星名爲「困敦」，到殷朝義譯爲「子」，到周朝才配上十二種獸名。鮮卑人和蒙古人則老實用「鼠兒年」、「馬兒年」，見北齊書及元秘史。

現在且就十二宿獸名的漢蒙語根，作一對照說明。鼠字古作「𪕮」或「貉」（her），北平人迄今尚呼爲「耗子」；而蒙語則念「耗勒干」、「貉」、「耗」同一語根H。牛字古寫爲「物」（wuh），詩經「三十惟物」的「物」即牛，今台灣仍呼牛爲「物」，而蒙語則念「烏斯」，「物」「烏」同一語根W。虎字古寫爲「虓「（bow）；而蒙語則念「巴勒思」，「虓」、「巴」同一語根B。兔（twu）古今字音並同，台語也呼兔爲「逃」；而蒙語則念「逃來」、「兔」、「逃」同一語根T。龍（long）古今字音並同；而蒙語念「鹿斯」、「龍」、「鹿」同一語根（L）。蛇古亦寫爲蟒（maong），台語呼爲「蒙」；而蒙語念「蟒蓋」，同一語根M。馬（moa）古今字音並同；而蒙語念「冒瑞」，同一語根M。羊古音「以」（yui），後加「強」字爲韻，故讀「以強」切即今音；而蒙語念「以罵」，同一語根Y。猴（hour），蒙語念「哈木介」，同一語根H，獼（mi），蒙語念「木其里」，二字同一語根M。雞古一作「鶏」（tyi），讀雙音爲「鶏胡」（tyi-hwu），台語呼爲「蹄」；蒙語念「鶏胡亞」，不止同一語根T，而且三音同二了。狗（goou），台語呼爲「告」，蒙語念「狗勒格」，同語根G，古狗又作獒（aur），蒙語念「獒海」，同語根A。豕古寫爲「豥」（gai），今北平語仍呼豕爲「噶噶」，客家語也呼爲「賅」；而蒙語則念「賅亥」，語根全同爲G，爲顯明對照計，試列一表如下：

漢蒙語根對照表

十二宿	漢字	語根	蒙語	語根
子——鼠	[illegible]、貉	H	耗勒干	H
丑——牛	物	W	烏斯	W
寅——虎	虣	B	巴勒斯	B
卯——兔	兔	T	逃來	T
辰——龍	龍	L	鹿斯	L
巳——蛇	蟒	M	蟒蓋	M
午——馬	馬	M	冒瑞	M
未——羊	羊	Y	以罵	Y

申——猴	獼猴	H M	哈木介 木其里	H M
酉——雞	鶉	T	鶉胡亞	T
戌——狗	獒狗	G A	狗勒格 獒海	G A
亥——豕	豥	G	賅亥	G

這十二個漢字和蒙語的語根，何以全部相同?在語文比較學上，這是向所未見的特例。我們不妨暫說古代一部分漢語確是「截取」古夏——匈——蒙語的語根（蒙文謂之字頭），略分語尾，製造而成的。這一習慣仍沿用到今天，我們還是將 **America** 截成爲「美」，**Russia** 截成爲「俄」，**Uranaum** 截成爲「鈾」……只留語根，不要語尾。

文字是語言的符號。今天漢字是由甲骨文演進而來，甲骨文所紀錄的自然是甲骨時代的言語。甲骨文已有三四千歲，這使我們得出一種推論：在三四千年以前，中國人的語言似有一部分乃「截取」古蒙古語的語根而製成，畫一隻鼠，讀音爲「狢」，給一匹馬，讀音爲「馬」，描一頭豬，讀音爲「賅」……以及「飯」即「飦」，「吃」即「咽」。由此可知：成吉思汗所說的蒙語，有一部分正是和漢語同其根源的。

蒙古在周成王時稱爲「貌胡」，列爲北方諸侯，貌即蒙，胡音古，見汲冢出土的逸周書，確是一種老民族了。我頗懷疑他們是追隨夏桀流亡到瀚海裡去的光夏人，而漢人則是當時居留中原的老夏人。只因中原的老夏人創造出甲骨文，演變成今天的漢語；而他們則幅處大漠，三千七百年來守古風，說老話，大家相見，便不知所云了。現經作了一番語根對照工夫，由「漢蒙似乎同語」徵實了「漢蒙似乎同夏」，使司馬遷匈奴傳「匈奴其先夏后氏之苗裔」一句話得到了新證據，這或足爲紀念成吉思汗「三月會」的小小禮品了。

我們讀說文解字，對許愼所說的漢字字源，爲「天，顚也」，「馬，武也」之類，並不感到滿意。現經查出，「天」似乎乃古蒙語「天格里」的語根，「馬」似乎乃「冒瑞」的語根，這都在我上述的一二百個字之內。

三十三、「古有複輔音說」疏證
——讀林語堂先生「語言學論叢」

一、前言

去年「臺一版」的「語言學論叢」是二十二年初版本的覆印。我們（這是指我和我所創辦的邊疆語文訓練班的師生）約在二十四年秋天就曾經讀過。對於原書第一篇「古有複輔音說」所舉的十七個例，由張樂軒先生（精通蒙藏語文，時任本班老師）率同同學，根據蒙藏方言裡保存的古複音語，寫成論文，爲林先生所舉的例子作了部分的證辭。論文經我核定，雖然事隔三十多年，我還清楚地記得他所舉「貍之言不來也」，經我們認出應該是蒙古方言 mobar（山貓即貍）的bar。論文曾寄「人間世」或「宇宙風」社轉交林先生。二十八年我們出版「漢蒙對音對義小字典」，也曾收入這些例證。今年三月初再購讀林先生這本書，覺得這十七個例仍可用蒙古方言來解釋，並可寫出殷（甲骨文）周（鐘鼎文）秦漢文字；遂由我執筆寫這篇疏證。可惜張樂軒先生和我們的學生留在大陸，不能再附西藏方言了。

林先生「古有複輔音說」似受英國漢學家伊德欽（Edkins）的啓示。伊氏根據我國形聲字PTK母和L母互相關連的一事，認爲我國古有複輔音。林氏在本書所舉「以稟聲（P母）諧廩（L母）、童聲（T母）諧龍（L母）、果聲（K母）諧裸（L母）……」似爲伊氏舉例（見原書十一至十二頁）。但據我所知，另一英國人德效騫（Homer H. Dubs）所寫「中國語言之足用」一文曾說：「中國語中的單字，與其謂爲與複音語言中的單字相當，毋寧謂爲與複音語言中的字根相當」，這實在是說我國古代曾說複音語。經我們三十多年的研究，證明德氏之說校伊氏之說——「古有複輔音」——更爲正確。

林先生研究古代有無複輔音的途徑，分爲四條：「第一，尋求今日俗語中所保存複輔音的遺跡，或尋求書中所載古時俗語之遺跡。第二，由字之讀書或借用上推測。第三，由字之諧聲現象研究，如PTK母與L母的字互相得聲。第四，由印度支那系的語言做比較的工夫，求能證實中原音聲也有複輔音的材料（林著二頁）」。他所舉的古有複輔音十七例便是根據上引第一、第四兩個途徑。他「希望能得海內同志賜以證實此說的方言材料」。

他抱有這個「希望」近於四十年了。筆者願就所研究的蒙古方言，爲他的十七例作大部分疏證工夫。下文所引蒙古方言，由於若寫出古畏吾注音符號所注音的蒙文，便無法製版，故用近數十年來通行的英語注意符號寫出。

二、「孔曰窟窿」

像這樣「孔曰窟窿」的例共十七個。林先生以爲「孔、窟」雙聲（古都是歌母，即林先生的K母），故「孔」就是「窟」，而把「窿」叫做複輔音。這十七個例（原著五至十頁）裡的「雲曰屈林」、「窟礧子亦名魁壘子」、「頂爲滴顐」、「鐸爲突落」和「禿說禿驢」等五例，問題很多，容俟另文來談。

「孔曰窟籠」，宋景文筆記。又江南志書太倉州「翻語爲字音者」條「孔爲屈籠」，嘉定縣志也有。今日北京、上海話都有Kulung（指孔）這個話。……在暹羅語這個字已經明明白白含著複輔音，非如今日京語之「窟隆」而已。Klong 圓筒也，Kluang 空也，有洞也……皆華文「孔」之轉語（林著五頁）。

按：蒙古方言裡含有「孔」（註一）字意義的語言有五個：

agorhai（阬）

hagalga（門）

hagalta（闢）

hogola（喉）

hogolai（喉）

五個語言裡的 gor gal gola golai 都含有說文所謂「孔，通也」，康董切，的意義；聲值也合「窟籠」相近。蓋 agorhai（阬）殷周秦漢文寫□（a）（註二）空（go）□（r）穴（hai），凡蒙古方言裡的 a 聲都用以表示敬畏驚嘆的意思，很少寫出漢文來；說文：「空，竅也」，苦紅切；「穴，土室也」，胡決切，空穴二字「建類一首，同意相受」（說文），是轉注字，意義都是人可通行的「孔」。

hagalga（門）殷周秦漢文寫戶（ha）扃（ga）□（1）□（ga），說文：「戶，護也，半門曰戶」，侯古切；「扃，外閉之關（按即門）也」，古熒切；□（1）□（ga）在說文所保存的殷周秦漢文裡已佚失，戶扃二字「建類一首，同意相受」，是轉注字，意義都是人可通行的「孔」。

hagalta（閘）殷周秦漢文寫戶（ha）扃（ga）□（1）戾（ta），說文：「戶，護也，半門曰戶」，侯古切；「扃，外閉之關（按即門）也」，古熒切；「戾，輜車旁推戶也」，徒蓋切；□（1）在說文所保存的殷周秦漢文裡已佚失，戶扃戾三字「建類一首，同意相受」，是轉注字，意義都是人可通行的「孔」。

hogola（喉）殷周秦漢文寫喉（ho）噲（go）嚨（la），說文：「喉，咽也」，乎鈎切；「噲，咽也」，苦夬切；「嚨，喉也」，盧紅切，喉噲嚨三字「建類一首，同意相受」，是轉注字，意義都是食物可以通過的「孔」。

hogolai（喉）殷周秦漢文寫喉（ho）噲（go）嚨（la）咽（i），說文：「喉，咽也」，乎鈎切：「噲，咽也」，苦夬切：「嚨，喉也」，盧紅切：「咽，嗌也」，烏前切，喉噲嚨咽四字「建類一首，同意相受」，是轉注字，意義都是食物可以通過的「孔」。——轉注字源出於轉注語，殷以後字雖單寫，但自古迄今語則連呼：故 gor（空 r）在連呼時便成「窟籠」：gal（扃 l）在連呼時便成「窟籠」（gol）：gola（噲嚨），golai（噲嚨咽）在連呼時也便成「窟籠」（gola 或 golai）。以上都是四千年以前的發音：唐韻已變（聲母未變）：今天用國音念來，聲母未變，但韻母變得多了。

由上引五個語言看來，「孔曰窟籠」的「孔」可能就是空、扃、噲三字的重文：「窟籠」可能就是「空 r」、「扃 l」、「噲嚨」（gola）的宋朝以來的錄音字。

林先生研究複輔音途徑第三「由字之諧聲現象研究」，乃是正確方法，也是我們所用以從事漢蒙語文比較研究的方法（但我在重讀林著時纔知早在三十多年前他已用過了，佩甚）。現根據這個途徑，證明「孔」和空、扃、噲可能就是「窟籠」的道理。

查說文九三五三字沒有一個從「孔」得聲的字（這是說「孔」字是周朝新造的字）：但後漢書童恢傳有「虎……視恢，鳴吼踊躍自奮」，可知「吼」字係漢朝以後所造的字。「吼」字從口，孔聲，唐韻呼后切，知其聲母是 ha 或 ho：足徵「孔」字在漢朝新造「吼」字以前既具有 ga go 聲，又具有 ha ho 聲，否則「孔」字怎可作爲「吼」字的聲母？因爲形聲字的聲符所發的音，並不是全得自聲符本字的聲母：而是得自本字所根據的轉注語全部聲母之一。這是形聲的原理。林先生所舉「果聲諧裸」諸例，就是根據這一原理而來。後文擬作略述（見本文七節）。

話說回來，「吼」字「孔」聲而音呼后切，證明「孔」字的轉注語中必有 ha ho ga go 兩種聲母。現在看上舉五個轉注語，agorhai 裡既有 go 又有 ha，hagalga 裡既有 ha 又有 ga，hogola 裡仍是既有 ho 又有 go：故知「孔」字若不是「空 r」，就是「扃 l」，否則就是「噲嚨」（gola）。宋朝以後的人不認識說文現成的字，便念成並寫成「窟籠」了。

註一：孔從乚（古燕字），子聲即[illegible]（chaga 初生草、乳兒）的[illegible]（子）聲（ga），本義當是燕窠。燕窠前後有門，正是「通」義。蒙古方言是 uugur 窔窠，中無 ha ho 聲，不能作「吼」字的聲母，故未採用。

註二：本文打□號者都是說文裡佚失的字。

三、「角為矻落」

「角爲矻落」，古今圖書集成方言什錄之三（原註「未考實」。林著六頁）。

按：北平語、河北語、山西語、綏遠語、遼寧語稱「地方」都呼「矻落」。某種說部則寫爲「旮旮」。用我從小就說的遼寧話來講，這「地方」呼爲這「矻落」（galar），那地方呼爲那「矻落」，並不專指牆角、房角而言。蒙古方言裡的「地方」正呼爲：

gar

「三合便覽」（蒙文字典）註爲「掌」，誤。掌是手掌，蒙古方言呼爲 **alaga**（殷周秦漢文寫□□掌），可證。**gar** 的殷周秦漢文寫畺（**ga**）

畕（**r**），說文：「畺，界也」，居良切，重文作彊，「畕，比田也」，音居良切的良（註一），畺畕二字「建類一首，同意相受」，是轉注字，意義是田獵的地方。

所以「角爲矻落」的「矻落」可能就是「畺畕」（**gar**）。

而且「角」字在殷周專指獸類的犄角，蒙古方言是 **giyo**（宮商角徵羽的角），殷周秦漢文寫角（**gi**）觻（**yo**），說文：「角，獸角也」，古岳切，「觻，角也」，音音樂的樂，孫愐音快樂的樂，誤。四方四楞的「角」，蒙古方言是 **buhurge**（四楞），殷周秦漢文寫方（**bu**）斻（**hu**）棱（**r**）柧（**ge**）。由這 **giyo**（角觻）、**buhurge**（方斻棱柧）兩語六字作證，知「角爲矻落」的「角」係「畺」、「柧」兩字的假借字：所以「矻落」應正寫爲「畺畕」（**gar**）。

「屹屹落」既是「畺畕」，義爲「地方」（不是掌），它可能就是史記匈奴傳上的「谷蠡」。匈奴稱左邊地方爲「左谷蠡」（**jegun gar**），右邊地方爲「右谷蠡」（**ichi gar**）。倘用國語來說應是「左屹落」、「右屹落」（參看拙文「史記匈奴傳譯名新釋」）。

註一：原始的反切實爲拼音，如說文「不可」拼成「叵」，北平語「不用」拼成「甭」。「畺畕」即 **gar**，故反切爲「居良」，「畺」音居，「畕」音良。切韻以後，此種讀法不一而足。

四、「圈為窟攣」

「圈爲窟攣」，古今圖書集成方言什錄之三（原註「未考實」）。又，江南志書「圈爲屈欒」（林著六頁）。

按：蒙古方言有兩個：

horigul（豬羊圈）

juchiye（馬圈）

juchiye 語的殷周秦漢文寫廏（ju）廁（chi）广（ye），語中沒有「窟攣」的聲母，這裡不談。horigul 語裡的 gul 可能就是「窟攣」。horigul 的殷周秦漢文寫圂（ho）□（ri）圈（gu）圞（l），說文：「圂，廁也」，胡困切，□（ri）爲何字？說文已佚，「圈，養畜之閑也」，渠篆切，圞，康熙字典引說文（宋本無）：「團圞，圓也」，圞係假借字，圂圈二字「建類一首，同意相受」，是轉注字，意義都是養畜的廁（戚夫人成「人彘」後所居的廁）。

故「圈爲窟攣」的「窟攣」似應寫爲「圈圞」（gul）。

五、「錮為錮鏴」

「錮爲錮鏴」，說文「錮」解爲鑄塞……今日北京話補銅鐵鍋叫做「錮路鍋」（林著六頁）。

按：蒙古方言有兩個：

hogurgede（拉風匣，按指銷銅鐵時加強火力）

hogurgechi（爐頭，按即錮鏴匠）

hogurgede和hogurgechi在蒙古方言裡屬於合成語（句），hogurge的殷周秦漢文寫銷（ho）錮（gu）□（r）鑄（ge），說文：「銷，鑠金也」，相邀切，「錮，鑄塞也」，古慕切，「鑄，銷金也」，之戍切，銷錮鑄三字「建類一首，同意相受」，是轉注字，都是鑄塞的意思。hogurge下接de，便成為「拉風匣，銷銅鐵」；下接chi（臣）便成銷錮鑄臣即錮鏴匠。

這兩個語言裡的「錮r」（gur）可能就是「錮為錮鏴」的「錮鏴」（gur）。

六、「不律謂之筆」

「不律謂之筆」，爾雅釋器。……說文：「吳謂之不律」，「秦謂之筆」……孫穆雞林類事說：「筆曰皮盧」（林著六頁）。

按蒙古方言「筆」是：

bir（筆）

bir急言之正是「筆」，徐言之就成「不律」或「皮盧」（古無P母），這是毫無疑問了。bir是bichik的簡語bi接上r成為bir。bichik本義為書籍，殷商秦漢文寫片（bi）爿（chi）□（k）。

殷朝劈木成爲片，用以爲書，這就是漢簡的起源。bichik簡成bichi，義變爲寫。孔子作春秋，「筆則筆，削則削」的「筆」正是bichi的bi。bichik減去chik加上r成爲bir，應寫片r，是木片所做的「筆」。殷朝已有毛筆，殷文（甲骨）骨版上還留有毛筆硃書的「祝」字，可證。

七、「貍之言不來也」

「貍之言不來也」，大射儀「奏貍首」鄭注。方言：「貔，北燕、朝鮮之間謂之豾」，郭注：「今江南呼豾貍，音丕。」聚珍版方言戴東原案：「豾貍轉語爲不來。」堂按：鄭說「貍之言不來」最能使我們明白古時貍字的呼音（林著六頁）。

按：蒙古方言「貍」有兩語：

mobar（山貓，按即野貍子）

borong（花斑貍，按即野貍子有花紋者）

mobar的周秦漢文寫貓（mo）豾（ba）貍（r），新附：「貓，貍屬」，莫文切，方言：「貔，北燕、朝鮮之間謂之豾」，集韻貧悲切，說文：「貍，伏獸，似貙」（註一），里之切。貓豾貍雖然分見於三部古字典，但據蒙古方言作證，三字實在也是「建類一首，同意相受」的轉注字，意義都是山貓即野貍子；故「不來」是「豾貍」的假借，如「無它」是「蟒蛇」（matar）的假借者然。（蛇爲它字的重文，古音ta（佗）；孫愐食遮切，誤。）

貓在遠古本是貍，後被豢養成爲家畜，乃呼之爲 migui（蒙古方言貓），說文所謂𤢖（mi）貙（gui）；又呼之爲 mil（蒙古方言貓），就是說文的𤢖（mi）。又，閩南語呼貍爲 ba，仍是貊字。

在上（七段）引林先生原文之下，他接著說：「諧聲上最奇怪的現象就是『貍』字……兼有『薶』（古『埋』字）音，『霾』也同是『埋』音……何以同一字而有兩音」（林著七頁）？林先生認「同一字而有兩音」是「奇怪」。其實同一聲符就有發六音的，這是許愼、鄭玄、陸法言、陸德明、孫愐、徐鉉……一切小學家誰都覺得「奇怪」的。我在本文二段裡曾說「形聲字的聲符所發的音，並不是全得自聲符本字的聲母；而是得自本字所根據的轉注語全部聲母之一，這是形聲的原理」，並說「後文擬作略述」。現就林先生所「奇怪」的「貍」諧「薶」「霾」問題，試作說明。

先解答原著十一頁至十二頁所提出「果聲諧裸」等例。果，說文：「木實也」，古火切，又「瓜，蓏也」（此從段玉裁校本），古華切，說文蓏字解「在木曰果，在地曰瓜」：足徵果、瓜兩字是重文。蒙古方言蓏（重文菰）、水果、西瓜通稱爲 hulugu，殷周秦漢文寫瓠（hu）蠡（lu）瓜（gu）。說文：「瓠，匏也」，胡誤切，揚雄方言：「蠡，瓠瓢也」，集韻郎計切，並釋義爲瓠子，說文：「瓜，蓏也」，古華切：瓠蠡瓜三字「建類一首，同意相受」，是轉注字，義均爲「在地曰瓜」。hulugu 又寫重文爲□（hu）樏（lu）果（gu）。說文：「樏，木實也」，力追切，

「果，木實也」，古火切：櫞果二字「建類一首，同意相受」，是轉注字，義均爲「在木曰果」。根據上述形聲原理，從果得聲的形聲字可以念踝（胡瓦切）、夥（乎果切），得自 hulugu（□櫞果）的 hu 聲；可以念裸（郎果切），得自 hulugu（□櫞果）的 lu 聲；可以念裹（古火切）、課（sigu 試課，孫愐苦臥切，g 轉爲 k），得自 hulugu（□櫞果）的 gu 聲。

林先生所舉的第十四例是「童聲諧龍」（按：龍爲童省聲）。現依上述形聲原理，說明於下。

蒙古方言有四個「童」：

albatan（役人，按即服勞役的人）

yalatan（犯人）

yalatu（犯人）

yaltan（罪人）

albatan 的殷周秦漢文寫□（a）□（l）𠔏（ba）童（tan）；yalatan 的殷周秦漢文寫辛（ya）□（la）童（tan）；yaltu 的殷周秦漢文寫辛（ya）□（l）童（tu）；yaltan 的殷周秦漢文寫辛（ya）□（l）童（tan）。說文：「𠔏，賦事（按罰鍰代執行監禁）也」，布還切，辛「辠人也。讀若愆」，孫愐去虔切，誤（言從辛得聲，可證）；「童，男有辠曰奴，奴曰童」，徒紅切：𠔏童二字轉注（但不「建類一首」，因兩字非一朝所造），義均爲罰鍰者或服勞役者；辛童二字「建類一首，同意相受」，是轉注字，義均爲犯罪的人。——這四個語言裡都有 l la 聲；故

「龍」所得的「童省聲」就是這lla聲。（龍，力鍾切，本義是獅（arsalan的lan），假借爲嗅石（gurileng）的leng，更假借爲蚰虹（solongga）的long，再假借爲較輪的輪。參看拙文「龍鳳之謎」）。

本文限於篇幅，只能對於林先生十四例的首尾兩例略作疏證。至於「各諧路、洛、略、賂、客、格」的「各」（ogere 詻各□，義爲各別的）、「柬諧闌諫」的「柬」（hagala柬柬刺，義爲捆、合圍）、「兼諧廉」（按：尚有五咸切的䶠）的「兼」（uliger 伍例仇——兼，義爲比、並）、「監諧籃、濫、覽、鑑、鑒」的「監」（ujegulel覣見觀覽——監臨，義爲觀看）、「降諧隆」的「降」（habsurulga 夅□□□□降，義爲附庸），「京諧涼、諒、景」的「京」（gudugur郡都郭——京，義爲丘）、「鬲諧隔、膈」的「鬲」（dorbogo鼎貝鬲——醐鬲，義爲鍋）、「稟諧懍、廩」的「稟」（bulu稟亩，義爲觳垛）等八例，各註以蒙古方言，我們依上術形聲原理，便可由這八個複音的方言裡找出同一聲符而讀音不同的確實道理。惟林先生所舉「婁諧窶、屢」（按：尚有數字）、「睦與陸爲同諧聲字」、「膠與戮、廖、寥爲同諧聲字」（按：尚有謬字），說來話長，應俟另文。

上面根據形聲原理解答了林先生認爲「奇怪」的問題後，現在可以疏證「貍……兼有貊、霾……」兩聲了。據上（七段開頭）文知道貍字所根據的轉注語是mobar（貓貊貍），依形聲原理，從貍（r）得聲便可念薶（mo）、霾（mo）；也可念ba，林先生讀「埋」爲bai（林著七頁），就是這個道理。許愼「以事爲名，取譬相成」的形聲定義和所舉「江河是也」的形聲字例，實嫌含混。江，工聲，古雙切，何以紅，工聲，卻念戶公切（註二）？河，可聲，乎哥切，何以柯，可聲，卻念古俄切（註三）？這都是許愼定義所不能解答的。等而下之，陸法言輩更莫名其妙了。

註一：貍似貓的貓就是migui（猸貓，義爲貓）的貓（gui）。猸貓在宋朝以前又譯音爲「蒙貴」。印度古語也呼貓爲migui。這是語言史上的問題。

註二：工字的轉注語是hemnegur，義爲度量衡器，殷周秦漢文寫□（he）□（m）□（ne）工（gur）。江從工得gu聲，故古雙切：紅從工得he聲，故戶公切。

註三：可字的轉註語是aguhom，義爲寬宥、從容，殷商秦漢文寫□（a）可（gu）丁（ho）□（m）。河從可得ho聲，故乎哥切；柯從可得gu聲，故古俄切；阿從可得a聲，故烏何切。

八、「風曰孛纜」（註一）

「風曰孛纜」，雞林類事。……又「嵐」、「嵐」二字風聲……讀如「南」（按：林先生南讀如盧含切，係安徽以南的俗音，誤，南古音ne），此正與以上「孛纜」的「纜」相符……（林著八頁）。

按：「風」本是「鳳」字，從虫，凡聲。羅振玉云：「古者叚鳳爲風」，是矣。因此「風曰孛纜」的「風」是鳳凰的「鳳」；但不是說文「鳳，神鳥也」的「鳳」（馮貢切，誤），而是說文所設「古文鳳」的「朋」（馮貢切，是）。「鳳」、「朋」兩字讀音不同，「鳳」讀若閩南語的禍；「朋」讀若鵬，前字屬 h 母，後字屬 b 母（林先生的 P 母）。許慎不知「鳳」、「朋」同義不同聲，孫愐遂把兩字都音成馮貢切了。這兩音錯了一千八百年了。

蒙古方言有關鳳凰的語言共計四個：

garodi（鳳）

huhedi（神鳥鳳凰之屬）

belektu garodi（鳳）

yurodi（王雀，按即鳳頭鳥，頂上有翎）

garodi 又作 karodi。ga——ka 寫為何字？說文佚之。ro 殷周秦漢文寫鸞，說文：「鸞，赤神靈之精也。赤色，五采，雞形。鳴中五音。頌聲作則至。周成王時，氐羌獻鸞鳥」，洛官切，「鳥，長尾禽總名也」，都了切（鳥從山，鳥聲，都皓切，證明鳥字確為部了切），鸞鳥二字「建類一首，同意相受」，是轉注字，義均為鳳。孔子說：「鳳鳥不至」，二字尚未單獨使用，音為 hudi。「長尾禽總名」是許慎時鳥字的意義，非周朝以前的意義。

huhedi 是 huhe garodi（藍色之鳳）的簡語。huhedi 的殷周秦漢文寫鳳（hu）皇（he）鳥（di），說文：「鳳，神鳥也」，大徐引孫愐馮貢切，誤；閩南語鳳凰讀若禍賀，尚保存古音。皇字係假借字，即「鳳皇鳴矣」。鳳鳥二字「建類一首，同意相受」，是轉注字，都是孔雀。鳳皇二字的重文是鷫鷞，說文：「鷫，鷫鷞也。五方神鳥也」，息逐切，「鷞，鷫鷞也」，所莊切，鷫鷞二字「建類一首，同意相受」，是轉注字，均爲孔雀。中原和蒙和人士早已不知鳳皇（鷫鷞）爲何物，但鮮卑人（參看拙文「龍鳳之謎」）、滿洲人卻知鳳皇乃是孔雀（熟讀紅樓夢的朋友講重溫晴雯補鷫鷞裘一段）。

yurodi的殷周秦漢文寫鳶、鶠（yu）鸞（ro）鳥（di），說文：（鳶）「鶠，鳥也。其雌皇。一曰鳳皇也。」於（ye）幰切，「鸞，赤神靈之精也。」洛官切，「鳥，長尾禽之總名也」，都了切，鶠鸞鳥三字「建類一首，同意相受」，是轉注字，義均爲孔雀。近代蒙文字典以鶠鸞鳥（jurodi）爲頭上有翎的玉雀，糟塌這一古語和三個古文了。鶠字重文寫鸑（ju），說文：「鸑鷟，鳳屬，神鳥也」，孫愐五角切，誤。原語在蒙古方言裡已佚失，似應作 yurodi huhe（鸑鸞鳥鷟鶪）。

總之，garodi（□鸞鳥）、huhedi（鳳皇鳥）、yurodi（鶠鸞鳥）都是鳳凰即孔雀。孔雀種類很多，故古語古文也有多名。但上引三種歧名裡都沒有「孛纜」的聲母：而卻在 belektu garodi（鶠）一名裡發現 bele 即「孛纜」。belektu 的古文周秦漢文寫朋（be）□（le）□（k）□（tu）□（ga）鸞（ro）鳥（di），說文：「朋，古文鳳。象形，鳳飛，羣鳥從以萬數，故爲朋黨字」，孫愐馮（bu）貢切，對了。

故「風名索纜」應該作「明曰孛纜」（bele）。

至於假借鳳凰的鳳作為風雨的風（殷朝便假借了），蒙古方言作：

salhin（風）

殷周秦漢文寫□（sa）颲（l）風（hin），說文：「颲，烈風也」，良薛切，「風，八風也。東方曰明庶風，東南曰清明風，南方曰景風，西南曰涼風，西方曰閶闔（按：轉注語 chonghu 義為窗）風，西北曰不周（按：belgede 的譯音，義為卜卦，地即今天山）風，北方曰廣漠風，東北曰融風」，方戎切，閩南語讀若昏，近於 hin 而附複韻母成為 hiun。颲風二字「建類一首，同意相受」，是轉注字，義均為風（不是鳳了）。

salhin（□颲風）裡沒有「孛纜」兩聲：不過另有一語：

butara（揚起地上雪的風）

殷周秦漢文寫颮（bu）颺（ta）飂（ra），說文：「颮，扶搖風也，甫遙切，「颺，風所飛揚也」，孫愐與章切，誤，讀若湯，「飂，高風也」，力求切，誤，應作呂求切：颮颺飂三字「建類一首，同意相受」，是轉注字，義為旋風。這語言裡的 bura（颮飂）近於「孛纜」（但纜古音 le，不音 ra）。如果古雞林（高麗）也像唐朝以後的我們 l r 不分，那麼 bura 也許念成並寫成「孛纜」。如此，「風曰孛纜」便應寫「颮為孛纜」。

註一：風，孫愐方戎切。方古音 bu，唐以後誤音 hu，並加複韻母作 bung，國音變為 fung。十韻有些方言 bu，有些方音 hu：故以方為反切聲母者都被唐以後的人讀錯了。孫愐風為方戎切即 hung yang 切而成 huang，與閩南音 hiun 最近。國音 fung 太離譜了。

九、「蒲為勃盧」

「蒲爲勃盧」，方言雜錄。……未知是否方言中蒲葦有此稱呼（林著八頁）？

按：蒙古方言中，蒲和葦名稱不同。葦是：uhek（草把子護肩，按用葦束作亞形，防擔物傷肩），殷周秦漢文寫葦（u）葭（he）□（k），說文：「葦，大葭也」，于鬼切，不正確，應作羽非切即讀若違，「葭，葦之未秀者」，古牙切，誤，應作胡加切即讀若遐，葦葭二字「建類一首，同意相受」，是注轉字，葭已秀（穗）曰葦，未秀曰葭，都是葦。這個語言裡沒有「勃盧」兩聲。

但蒲草的語言裡便有「勃盧」兩聲了：

boljin（蒲）

殷周秦漢文寫蒲（bo）茘（l）□（jin），說文：「蒲，水草也。可以作席」，薄胡切，「茘，草也，似蒲而小，根可作刷」，郎計切，蒲茘二字「建類一首，同意相受」，是轉注字，幼蒲是茘，老茘是蒲。蒲茘無莖無節，其葉如蘭；葦葭有莖有節，其葉如竹。

「蒲爲勃盧」的「勃盧」正是「蒲茘」（bol），毫無疑問。

十、「蓬為勃籠」

「蓬爲勃籠」，同上（原註「未考實」，按指同出於方言錄雜。林著八頁）。

按：蒙古方言蓬是：

buhar（荒田 buhar tariya 的荒，按：田獵場長滿蓬蒿曰荒田），殷周秦漢文寫蓬（bu）蒿（ha）□（r），說文：「蓬，蒿也」，薄紅切，「蒿，菣（按香蒿）也」，呼毛切，蓬蒿二字「建類一首，同意相受」，是轉注字。

buhar（蓬蒿）的 bur 可能就是「蓬爲勃籠」的「勃籠」。「勃籠」的古音是 bul：但唐朝以來中原字音常混 l r 爲一，故 bur 當可音變爲 bul。

但我認爲方言雜錄的「蓬」可能是借「蓬」爲「篷」。蒙古方言篷帆作：

darbagul（篷、帆）

這個語言的語根是 darbal，義爲旌旗飛揚，其中的 ba 聲，殷周秦漢文寫旇（ba），說文：「旇，旌旗飛揚貌」，甫遙切；揚雄方言寫篷，係車上敝水雨的藩，明朝用篷字名船帆，蒲紅切音蓬。方言雜錄的「蓬爲勃籠」假如是「篷爲勃籠」，可能就是 darbagul 的 bal。

十一、「槃為勃闌」

「槃爲勃闌」，同上（原註「未考實」，按指同出於方言雜錄。林著八頁）。

按：蒙古方言含有杯槃意義的語言有三個：

gabala（天靈蓋，按匈奴漆月氏王頭爲飲器）

gobil（凹形物）

batir（鉢盤）

這三個語言裡的 bala bil bar 都有「勃闌」兩聲。gabala 義爲天靈蓋，指頭顱上部的頭蓋骨，殷商秦漢文寫頁（ga）頒（ba）顱（la），說文：「頁，頭也」，康禮切，康古音 ga，「頒，大頭也」，布還切，頒俗作頮，北方呼爲頮顱即 bala，「顱，頊（頭）顱，首骨也」，洛乎切，洛古音 re，孫愐切音不確，應作力居切即音盧：頁頒顱三字「建頭一首，同意相受」，是轉注字，意義是頭蓋骨。大約在夏朝以前「人頭作酒杯」，頁頒顱（gabala）又造成⿷匚贛（ga）⿷匚丕（ba）匸（la），說文：「⿷匚贛，小桮（杯）也」，古送切，「⿷匚丕，籀文桮，」「桮，⿷匚贛也」，布布回切，「匸，受物之器」，許愼讀若方，誤，孫愐作府（ba）良切，係⿷匚丕匸（bala）的急言，應讀若良，⿷匚贛⿷匚丕匸三字「建類一首，同意相受」，是轉注字，意義是杯。孟子時用杞柳作杯，名爲棬（ga）桮（ba）。用頁頒顱（gabala）作⿷匚贛⿷匚丕匸（gabala）後由匈奴保存此俗，以月氏王頭爲飲器，秦也有此俗，「斬一首者，爵一級」（韓非子定法）即爵一頁也即爵一⿷匚贛。迄今西藏喇嘛仍用頭蓋骨作法器（外雙溪博物館現藏三隻）。最富歷史意義和趣味的是，臺灣的排灣族供奉「出草」所獲人頭骨的地方仍名嘎布路（gabala）：頭則爲古魯（gala）。

gabala（頁頒顱、匴匸匚）的bala可能是「槃爲勃闌」的「勃闌」（bala）。淺者爲槃，深者爲杯，都是「藏物之器」。

其次談到 gobil，殷周秦漢文寫簋（go）簠（bi）筤（1），說文：「簋，黍稷方器」，居（go）洧切，「簠，黍稷圜器也」，方（bu）矩切，「筤，籃也」，盧黨切：簋簠筤三字「建類一首，同意相受」，是轉注字。筤字和簋簠非一時所造，此器已由簋簠進化爲有提梁的竹籃，故和簋簠「建類」而不「一首」（無皿首）。

gobil（簋簠筤）的 bil 可能是「槃爲勃闌」的「勃闌」（bil）。

然後談到batar，殷周秦漢字寫槃（ba）梡（ta）□（r），說文：「槃，承槃（盤）也」，薄官切，「梡，槃也」，孫愐息移切，誤，應作杜兮切即音蹏（蹄）：槃梡二字「建類一首，同意相受」，是轉注字，意義都是槃。

綜觀上文，可知「槃爲勃闌」的「勃闌」若不是匴匸（bala），就應是簠筤（bil），否則就是槃□（bar）。雖然闌字柬聲古音 la，但唐以後 l r 混淆已久，方言雜錄讀 ran 爲 lan（闌）極有可能。

十二、「團為突欒」

「團爲突欒」，江南志書（林著九頁）。

按：蒙古方言天圓地方的天（不是天神 tekri 的天）作：

oktargai（空虛之天）

殷周秦漢文寫圜（o）[illegible]（k）團（ta）圝（r）□（gai），說文：「圜，天體也」，王權切，[illegible]爲壼字的聲母，苦本切，「團，圜也」，度官切，康熙字典引說文（宋本無）：「圝，團圝，圓也」，落官切，說文：「□，回也。象回帀之形」，孫愐羽非切，誤，蓋國字從或，□聲，古惑切，故□應音古惑切：圜[illegible]團圝□五字「建類一首，同意相受」是轉注字，都是天圓的天，團爲正字，俗（老子時）假天神的天爲團。

「團爲突欒」的「突欒」毫無疑問是團圝（tar）。

十三、「螳曰突郎」

「螳曰突郎」，容齋三筆。可見得宋時尚有此語。「突郎」就是「螳蜋」的轉注語（尺子按：這是清儒所謂轉注語，而不是拙文所謂轉注語和轉注字）。古只有「蜋」字，或者就是要代 thang 一音字（林著九頁）。

按：蒙古方言螳螂是：

temeljigene（蟷螂，按：遼寧語讀若刀（陽平）勒）

殷周秦漢文寫蟷（te）□（me）蜋（l）□（ji）□（ge）蠰（ne），說文：「蟷，蟷蠰，不過（段玉裁注「螗螂別名」）也」，都郎切，「蜋，堂蜋也。一名蚚父」，魯當切，「蠰，蟷蠰也」，汝羊切：蟷蜋蠰三字「建類一首，同意相受」，是轉注字，意義均是蟷螂即螳螂即螗螂。

這一轉注語裡的me ji ge三聲寫成何字？me大概寫蝒，說文：「蝒，馬蜩也」，武（mu）延切，字廁蟷蠰蜋蛸（蟷蜋子）之上，和蜩蟬字相去懸遠，應爲蟷之轉注字，jige可能是強（ji）蚚（gi），蓋說文：「強，蚚也」，巨良切，「蚚，強也」，巨衣切，強蚚二字「建類一首，同意相受」，是轉注字，而「堂蜋一名蚚父」，依轉注語寫轉注文例可寫「強蚚父」，漢人略稱「蚚父」：故蝒（me）強（ji）蚚（ge）的意義均應是蟷蜋。

綜上論證，temeljigene（蟷螂）當即蟷（te）蝒（me）蜋（l）強（ji）蚚（ge）蠰（ne），六字轉注，都是蟷螂。若然，蟷爲突郎的「突郎」就是「蟷蜋」（tel）。

十四、復輔音乎？複音也！

以上把林先生所舉古有複輔音十七例，以蒙古方言爲工具，疏證了十二例。「孔曰窟窿」的相似値是「空r」、「扃l」、「噲嚨」；「角爲矻落」的相似値是「畺畕」；「圈爲窟攣」的相似値是「圈l」；「錮爲錮鏴」的相似値是「錮 r」；「風曰孛纜」的相似値是「朋 le」或「颵颼」；「蓬爲勃籠」的相似値是「蓬r」或「旛l」或「篷l」，這所疏證的六個所謂複輔音，我的研究方法雖然告訴我說：「這是對的」；但近代研究風氣告訴我說：「你僅可以說是可能」！至於「不律謂之筆」的「不律」是「筆r」；「貍之言不來也」的「不來」是「貊貍」；「蒲爲勃盧」的「勃盧」是「蒲荔」；「槃爲勃闌」的「勃闌」是「𠥜匚」，或是「簠簋」，否則就是「槃r」，三者必居其一；「團爲突欒」的「突欒」是「團𪓐」；「蟷曰突郎」的「突郎」是「蟷蜋」，這所疏證的六個所謂複輔音，我的研究方法告訴我說：「這是對的」；雖然近代研究風氣告訴我說：「你僅可以說是可能」，恕我仍要「必」「固」了。

最後，假如我這十二個疏證全對，我要請問這是複輔音呢？抑是複音呢？近數十年來西方學者這般說而我們的學者也隨著說：「這叫複輔音」！請問輔音怎可以寫出殷周秦漢字來？「不來」即「貊貍」，「勃盧」即「蒲荔」，「突欒」即「團𪓐」，「突郎」即「蟷蜋」，既有保存在蒙古方言裡的先殷轉注語（註一），又有保存在甲骨鐘鼎說文裡的殷周秦漢轉注字，兩者的聲「值」不是「相似」而是相同，這應名爲複音而不應名爲複輔音？吧

伊德欽、高本漢兩氏，尤其高本漢氏寫了十幾種書，力說中國語有複輔音，幾乎風偃了我國的語文學界。據筆者研究所知，斷然不如德效騫氏「中國字與複音語的字根相當」一語道破了中國語文的眞象。中國古用複音語，一語多音，而多音皆爲「同意」；殷周秦漢把複音語寫成單字，一語有幾音就寫幾字，「建類一首，同意相受」成爲轉注字（註二），「中國字與複音語的字根相當」，是一點也不錯的。我名這中國複音語爲轉注語，這中國字爲轉注字。可惜德氏不及見他

所說的「中國複音語」竟而完整地保存在蒙古方言之中。屬稿至此，曷勝愴然！

註一：參看拙著周易哲學。

註二：許慎爲轉注字所舉的例是「考、老也；老、考也」。按蒙古方言「老沒牙了」作mairok，殷周秦漢文寫老（mai）老（ro）考（k）。耂應作，上爲毛，下爲古文奇字人，惜說文佚之矣。何以知之？從老得聲之姥，莫補切，以是知之。

——五十七年三月於臺北（反攻月刊抽印本）

三十四、西藏在國史上之地位

西藏在明朝名烏斯藏。清朝以共位於西方，故名之爲西藏。西藏人自稱爲藏，或自稱藏巴，巴猶鹽巴之巴，係俗稱也。蒙古人則呼之爲 joo 即藏也。按諸前及漢書西域傳、後漢書有「西藏傳」—西羌傳、西南夷傳，及詩經、尚書、春秋左氏傳、國語楚語、揚子方言諸書，可知藏即夏之姜，殷、周之羌，亦即東周之荆。

一、羌（註一）、荆、藏均爲烏拉阿爾泰語joo之錄音。中國古代說阿爾泰語，迨殷周兩朝始將烏拉阿爾泰語造成甲骨鐘鼎文字，後演化爲漢文。漢文之造成，非一朝一國一時之事，歷朝列國無不造字，故每一烏拉阿爾泰語隨時被造成寫法不同之文字。倒爲「軒轅」係春秋齊國所造之字，而「玁（獫）狁」爲周朝所造之字，「鮮虞」則爲晉國所造之字，共實均爲「軒轅」之國也。又如「神農」係楚國所造，孟子說：「有爲神曲公之言者許行，自楚之滕」，舊說神農是「神聖的農人」，這是望文生義；又說許行是農家，這是由「神農之言」演義而出。其實「神農之言」就是楚國之言。而「匈奴」係趙國所造，見國語趙策，「叔逆」係秦國所造，（見呂氏春秋），其實均爲夏后氏之國也。故知殷周之所謂羌，東周之所謂荆，與今之所謂藏，實乃一姓之寫耳。

二、羌最古之帝王爲神農氏。神農氏兼爲巫教之教主，五千年來之中國事實上以巫教爲國教。巫教有神物稱爲龍鳳；有上（天堂）中（人間）下（地獄）三界；有種種之「怪力亂神」（孔子所不語者）。巫教之烏拉阿爾泰語原名爲 ubadislamui，義的降神，又稱跳鬼。殷朝造字，u 造成「巫」，uba 兩聲，故「巫」又念巴；dis 造爲「道士」；此秦漢字也；samui 周時造爲「覡」，秦時造爲「羨門」，鮮卑造爲「桑門」，西夏造爲「厮也」，清朝造爲「薩瑪」與「薩滿」；di-smui 楚人造爲「大司命」；lamui 則清朝所造而蒙藏之「喇嘛」，Blema 即「巫喇嘛」，乃西藏人所造之語。此一 ubadislamui 分化造成上述「巫」、「道士」、「覡」、「羨門」、「桑門」、「厮也」、「薩瑪」、「薩滿」、「大司命」、「喇嘛」共十個字與詞。靈字以巫，當與 la 聲有關；小說上之「黎山老母」恐亦是 lamui 的譯文。巫教支配一部中華民族宗教史。

巫教守護門衛之靈物，左龍右鳳。龍，在烏拉阿爾泰語原名爲 arsalang，甲骨稱之爲「龍」，則由 lang 聲記錄而造成；鐘鼎則造爲「亞」，即由 a 聲紀錄而成；或造爲「螭」（音「持」者誤），即由 r 聲記錄而成；虞書造爲「山龍」，即由 salang 兩聲紀錄而成。此 larsalang 分化造成上述「亞」、「螭」、「山龍」的字三詞，實只是「獅」。鳳，在烏拉阿爾泰語原名爲 hichedi，乃 huhe Garodi 之省，甲骨據 hu 聲紀錄而造成「鳳」字；西周據 huhe 兩聲紀錄而造成「鳳凰」；據 di 聲紀錄而造成「翟」；宋人據 hu 聲造成「玄」字而稱「鳳凰」爲「玄鳥」；造「山海經」

譯成漢文，時已識 huhe 本義爲青，故譯「鳳凰」爲「青鳥」；唐朝據 huhe 造成「回紇」，又據 huhe Garodi 造成「回鶻」。（秦始皇次子「胡亥」，當亦是 huhe 之錄音。）此一 huhe Garodi 分化造成上述「鳳」、「鳳凰」、「翟」（狄、韃二字由「翟」假借）、「玄鳥」、「青鳥」、「回紇」、「回鶻」（畏吾由「回紇」假借）共七個詞字，實只是「青色的孔雀」（龍之爲獅及鳳之爲孔雀見附圖）。此兩神物之眞像，中原漢人在近二千五百年中已不知共究竟；而迄今藏人仍以「龍」（即獅）爲反共抗暴之軍旗，其喇嘛亦無不奉獅子、孔雀爲神物也。

巫教在殷時以尞（焚柴）爲祭，在周朝以祡（柴）爲祭，後進化爲焚香；並以塔爲升天之階，夏商周均於城中修圓塔，五層層五尺，其帝黃帝，其神句龍（禹）；分於東南西北的門外各建方塔，東塔八層層八尺，其帝伏羲，其神句芒；南塔七層層七尺，其帝神農，其神祝融；西塔九層層九尺，其帝少皞，其神蓐收；北塔六層層六尺，其帝顓頊，其神玄冥。各有「人面龍身」等亂神以供驅使。此即「山海經上」可保存之古代巫教儀注。今省焚香修塔園仍爲西藏喇嘛之功行也。

巫教跳神，蒙藏名爲跳鬼，即周朝方相氏之所爲，亦荆人「大司命」之法事。荆人崇巫信鬼，一部「山海經」變成屈原文學作品之「離騷」；而經與騷上之「怪力亂神」（「人面龍身」神等）迄今無不一一存在於西藏之各寺，「招魂」即喇嘛之「排山歌」，「九歌」亦即喇嘛之降神曲耳。總之，今西藏之喇嘛教（除念印度經之外）固仍是荆楚之巫教，亦神農氏以來相傳之巫教也。

三、羌出自少典氏，少典氏有二子，分爲二氏，一爲神農氏即匈奴氏，一爲軒轅氏即玁狁氏。

氏，烏拉阿爾泰語原文爲ulus，u造成「域」，ulu造成「屋漏」，a造成「氏」，「氏」即今蒙古之族、西藏之宗（莊）。軒轅氏有名之帝王爲黃帝，黃帝之幾代孫即禹，入主中原，建立夏朝。禹，古猿字（見甲骨文），殆崇禹爲十二宮之猿星也。禹曾和塗山神女結爲夫婦。此一神話，迄今仍爲藏人所盛道，德，甯康所著「西藏行」第五節云：

「西藏人一直到現在，深信他們的原始祖先是一隻猿猴。他攀越喜馬拉雅山，浪跡在雅魯藏布江上。後來他跟一個女神成了親，住在雅魯藏布江畔，孜塘深山裡的一個石洞裡。世代連綿，他們漸漸地由猿猴變化成人。根據這一段混沌的先史，演變出無數的神話和傳奇。」

猿與女神成親爲此神話之主題，山名江名並不重要。

四、神農氏及軒轅氏均用烏拉阿爾泰語。共後中原人將烏拉阿爾泰語簡化成爲單音語文即漢語漢文；而南北邊疆即北方的匈奴南方的荆楚則簡化較少；故今之漢語爲烏拉阿爾泰語之單音，而藏語則多保留烏拉阿爾泰語之複音。西洋語文學者將漢語、藏語列爲「漢藏語系」，即謂漢、藏語在語根文法上是相同的。今經研究結果，知道今之藏語，若除去其近千年來吸取之梵語，所餘皆與漢語相同，並與烏拉阿爾泰語語根全部相同。

以上從對音、宗教、神話、語言四方面，證明藏人實即東周之荆，西周之羌，亦即夏代之姜人。

藏人既爲羌人，則其與中原漢人及邊疆蒙回藏人之血統關係，彰彰明甚：皆神農氏、軒轅氏及夏后氏之苗裔也。又，藏人既爲羌即荆人，曾爲文王之師，並從武王代紂，熊繹受封於湖北，成王時其地位與鮮卑並列，爲王室「守燎」即任祝融（祭司），直到被秦始皇所滅，迄爲周朝子爵諸侯。在周朝中央觀點言之：中央對藏即荆只有主權，並無所謂宗主權也。

至於荆人何時入藏？大約在秦漢之際，漢人向南發展溯江入川，入康，入藏，入滇。荆人居川時，遺留「禹蹟」最多；迨上到高原，則除神話、宗教、語言之外，均呈「文化衰退」現象。其與漢人重行晤面，在漢武帝時，漢朝譯之爲「罽賓」，罽、藏雙聲，賓、巴雙聲，罽賓即藏巴也。其時藏人政治中心在克什米爾。今之拉薩乃唐以後宗教大寺耳。

要之，藏人爲學古種，絕非雅利安種（印度種），乃毫無疑問者。桉藏人既與漢、蒙、回、滿同爲學古種，而其歷史、語言、宗教、政治地位與中國人實爲一體，又斑斑可考，則爲漢人省應待之如兄弟視之如手足，斷斷不可迫害虐待甚至消滅之。

今後，在原則上應輔導藏人建立地方自話政府，政治單位同於行省，不須承認共獨立（外學獨立亦須取消），即不須祝之爲外國；且中國人不能在中國領土上獨立也。

註一：羌，殷文作。說文：「羌，西戎牧羊人也。從人，從羊亦聲。後漢書之「西羌傳」，羌今讀「槍」，古音「藏」。

三十五、黑陶文化

民國十年，遼寧省錦西縣沙鍋屯發現采陶。同年，河南省澠池縣仰韶村，十二三年，甘肅省臨夏，寧定，民勤等縣，青海省青海沿岸及貴德縣，亦先後掘出采陶，且與俄屬土耳基斯坦發現者酷類。瑞典考古家安特生據以論證中華民族乃自中亞經新疆，甘肅東來者。

比十九年，遼寧省全縣貔子窩發現幾何形文理之黑陶，與同年南京、江、浙和山東省鄒縣，福建省武平縣出土者相同，均無采色。同年，山東省歷城縣城子崖、滕縣安上村發見灰陶。浙江省抗縣古蕩，民渚亦出黑陶，頗與城子崖出土者相似。黃河流域，黑陶發現尤多，均有條文及席文。二十六年，西安修隍，護陶鬲三、余親見之，席文，就全部構圖觀之，仍爲幾何文，與勝利後在瀋陽博物館所見遼寧黑鬲全同。

鬲爲我國殷代獨有之陶器，青銅時代變向爲鼎。黑陶鬲在遼東出土者極多，必爲主產地，隨殷族入主中原，向河淮流域發展。近代史家論我陶器文化，分爲東西兩系，東系黑陶，西系采陶；西系可能來自巴比倫，而東系實來自今之東北；兩系文化交會於殷墟。呂思勉氏且曰：「代表中國固有文化者，實爲黑陶」云。

三十六、上洞老人

一、我國從上洞老人時代迄今，在血統方面，始終爲西洋學者所謂「蒙古利亞人種」我人自稱則曰黃種。此爲田野考古的證實無誤。在古代，血統既然相同，則語言必然相同。

二、庖犧爲我國有史以來第一位有名字之帝王，即河圖五帝廟中的青帝。「死，託祀於東方」（淮南子高誘注），即以庖犧之名爲木星之名，係古代紀念先帝之法。我國聯綿語名木星爲brah-asbadi，b ha兩聲譯音爲庖（b）犧（ha）ra，ha ba三聲殷（甲骨）文寫爲𡴆（ra）歲（ha，後音犧）步（ba），故木星又名歲星。庖犧始造文字即八卦。天，聯綿語爲tegri，其中gr聲製成「☰（乾爲天）」，保存爲籀文畺字的聲母。水，聯綿語爲usu，其末su聲製成☵（坎爲水），殷橫豎寫爲☵，籀橫寫爲☵，後作爲益（[illegible]）字的聲母。八卦傳至殷代或殷代以前，乃乾坤霍巽坎離艮兌的次序（說卦次序），成爲一二三四五六七八數字。亞洲語言，國語、閩語、粵語、藏語、日語的一二三的五六七八便是由乾坤震巽坎離艮兌聯綿語裡的一個聲母蛻變而來。爲siroi義爲黃色，故軒轅稱爲黃帝。

三、庖犧以後爲神農，聯綿語爲 sinachar（土星）。si、na 兩聲譯音爲神農。神農以後爲軒轅，軒轅爲 siroi oton（土星）的 si i 兩聲的譯音。Oton 造義爲星，成斡（o）㪷（to）二字。（由北斗——batu dorogan 併倜斗科㪷——形如有柄之大杓而成此語。）歷黃帝、少皞（shogora 金星）、顓頊（danista 虛宿）、堯、舜而玉夏禹（imji 禹——猿獼玃），造成山海經、禹貢、爾雅（釋天）所用的聯綿文字。殷周兩代譯成單音文書。惜現已不知夏文爲何寫法。

四、殷人始將聯綿語大規模地造成單音聯綿字，即今之甲骨文一千四十個可識之字。tegri（天）造成天☰一，usu 造成兩水。此一千四十個殷文，已經百分之八十復原爲聯綿語。

五、殷代說話當仍用聯綿語；寫字時則只用聯綿字中的一個字。周代仍當保存一部份聯綿語孔子之（雅言）；秦漢迄今，中原人完全說單音語並寫單音字。單音字所發之音，亦自殷周以來加上「複韻母」，例：天，在殷以前音 te，唐韻已變爲「他前切」；水，音 su，亦變爲「式執切」。

六、夏人向東移殖者，殷人呼之爲「人方（irbe）」，周人呼之爲「夷」（音 ra）或「九夷（ger）」。唐時，「九夷」寫成「高麗」，今爲韓國語言。向東北移殖者，周初呼之爲「鮮卑（sibekcin）」，至漢大顯。後分出女眞、滿洲一支，今爲滿洲、索倫、錫伯（鮮卑）語；契丹、失必兒（元朝秘史）一支，今爲鮮卑利亞語和拓跋（近譯土文）語。

七、殷人滅夏，淳維北遷，殷高宗稱之爲「鬼方」。周初呼之爲「貌胡」和「貉貊」，兩詞古音爲 monghul。戰國稱之爲「匈奴」（sinaga irgen）。唐末宋初，monghul 勢強。宋人稱之爲「蒙古」，其自稱仍爲 monghul 即忙豁魯（元朝秘史）。今爲蒙古語、瓦剌語、維吾語（除去其中滲入之阿拉伯語）及中亞語。

八、夏人東遷至山東半島，至周朝建立齊國；齊人及東楚人渡海移殖扶桑，東漢、隋、唐稱之爲倭奴（ainu）及日本（nihung）。今爲日本語。

九、夏禹來自「土方」（詩商頌「洪水茫茫，禹敷下土方」），實爲 tubet（西藏）人。tubet 人迄今稱其始祖爲玃，即禹。周初，土方人隨武王東征，周人稱之爲羌（男性牧羊人），即姜（女性牧羊人），封之於楚。秦始皇伐楚；楚大將莊蹻率大軍四十萬，經湖南、貴州、雲南、四川，返西藏。東漢仍稱之爲羌；唐稱之爲吐蕃（tubet）；明稱之爲藏（羌、姜字的音變）。未隨莊蹻退卻者，名爲東楚，後爲閩（苗、蠻）傜僮語；未返藏而移殖越南、泰、緬甸者，爲越、泰、緬語。其由西藏向東南亞移殖者爲錫金、馬來、印尼語。

一〇、總之，自上洞老人玉夏殷，我國實說聯綿語；殷造聯綿字（在說文同部首中保存）而單用之，遂蛻化爲單音的漢語（文）。此聯綿語向北方移殖者，蛻化爲韓、滿、索、鮮、拓、瓦、蒙、維、中亞、日本等語；向南方移殖者，蛻化爲閩、傜、僮、越、泰、緬、藏、錫、馬、印等語。今日保存聯綿語及語法（倒裝句，有語尾變化）最按近原始形態者爲蒙、滿、維語。凡欲精通三代古音韻、古文法（虛字及倒裝句）者，舍學習聯綿語外，似無他途。

三十七、重視謀略教育

一九五八年八月二十三日，對岸轟擊金門島群，到十一月二十三日整整三個月。這樣戰法，爲古今戰史所未見，可謂極盡荒唐無賴的能事。在炮擊中受損害最慘重的，不是我們的官兵，不是我們的炮位，不是我們的工事；卻是我們的民衆。民衆住房成爲一片瓦礫，死亡四百餘人，佔金門民間人口千分之一，較之日閥疲勞轟炸重慶，更爲殘暴。我們對於它這種荒唐無賴的行爲，必須有個制止的戰法，以利民間的生產，並把民衆從黑暗陰濕的壕洞中安置在青天白日之下。

就純軍事的看法，要制止對岸炮轟，並不是難事。最有效的作爲是有限度的轟炸，炸毀沿岸所有炮位，並使它永遠修裝不起來。但這事關自由盟國整個的政略戰略，目前還不能實現。其次是反炮戰，我們可用八吋雷達砲反擊。如果中共不退後射位，大約不久它們將要一一被毀滅了。

我們企圖說明的是：除了純軍事的作爲以外，爲了制止不斷轟擊，我們能不能另有特殊作爲？如果我們記得兩個事實，而從這兩個事實的背景上深刻地構想，則我們所要求的「特別作爲」就可以出現。這所謂第一個事實，便是發射過來的炮彈上公然刻有「中共」字樣。這一事實，是表示著中共內在矛盾；即在中共炮彈工廠中、運輸人員中、保管人員中或發射官兵中，業已潛藏著我們至少一位同志了。否則，它們打過來的炮彈上不會刻著這種字樣的。另一個事實，便是圍頭四外各村村民的起義，這更表示著中共內在矛盾之已經行動化革命化了。我們如果使用種種技術，擴大它們這種內在矛盾，就可以根本制止中共的發射。孫子說：「毋恃其不攻，恃吾有所不可攻」，對方的內在矛盾，正應該是「吾有所不可攻」的所在；我們不應該徒然仗恃我們士氣工事之不可攻。這是軍事思想上的一個根本考案，而為我們參謀人員向來所忽略而沒有作為的。我們特向前方所有參謀人員提出下列的問題：「怎樣使用謀略以制止中共的炮擊？」請諸位竭盡智慧，寫出你們的謀略計劃。

在此我們有不得已於言者：就是我國自從小站訓練新軍以來，在參謀業務的課目中，始終沒有列入謀略一門。我國各型軍事學校訓練出來的參謀，只會寫寫純軍事的作戰計劃，或看看地形，繪繪地圖，編編情報（深入蒐集情報和正確研判情報，也只有極少數參謀，可以勝任）而已；求如我國偉大豐富戰史中的優良參謀人才，如伊摯、呂望、仲孫湫、嬴縶、孫武、孫臏、陳平、張良、班超、諸葛亮眞是千載茫茫，不見來者；所以我們只會鬪力，不知鬪智，除了步槍、機槍、大炮、飛機，我們便不知怎樣作戰，面對著古代的優良參謀，我們實應慚怍無地了！因此，我們在這裡鄭重建議軍事教育當局，首先要加強現任參謀的謀略召集教育，並同時增設謀略參謀養成教育。我們回想：在日本帝國主義侵華戰爭中，一個士肥原就會使用謀略製造出僞「滿洲國」僞

「蒙古國」僞「華北政委會」•，達成孫子「全國爲上」、「不戰而屈人之兵」的要求。我們，正也需要土肥原輩的優良謀略參謀。而今天的軍事教育未能達成這宗目的的。

——四十七年十二月一日戰斗月刊

三十八、伊克昭盟志再版序

伊克昭盟志編於民國二十八年，係邊疆通信報叢書之一。先是，二十四年七月一日，余創設邊疆通信社於歸綏，目的在「把邊疆的新開傳播於內地，把內地的新開傳播於邊疆。」共準備工作，始自當年一月一日起，開爲蒙藏語文訓練班於北平，訓練精通蒙藏語文之新開人才。受訓學生計裴春霖、劉鐵符、張治安、谷一非、丁炳璋等人，聘張樂軒先生報授蒙古語文。余亦隨受聽講。七月一日，未就在歸綏開實，八月一日開第二班，學生計李符桐、謝在善、張文友、王康甫等四人，並聘寶自修君報授西蒙古語。十一月一日，本社正式發稿。截至七七事變止，除丁柄璋、李符桐兩君光後離社外，訓練成功之學生計裴春霖、劉鐵符、張治安、谷一非、謝在善、張文友、王康甫等七人，均能使用蒙語採訪新開，並編撰蒙文通信。七七事變後，余命裴春霖君潛伏包頭，淪陷蒙放軍政大員保持聯繫；張治安、寶自修兩君潛伏歸綏、武川，和僞蒙孛海山將軍隨侍德王左右・軍中下級保持聯繫，歸裴君領導。升任張樂軒先生爲副社長，領導劉鐵符、谷一非、謝在善、張文友、王康甫……深入伊克昭盟，從事戰地新開工作。二十七年七月一日，本社定駐楡林，九月一日開第三班，二十八年七月一日開第的所。截至抗戰勝利止，經過訓練精通蒙古語文之青年若爲十七名。

二十八年七月一日，將本社以往的年每週油印刊出之蒙文社稿改用報紙方式發行，名爲邊疆通信報，一四兩版爲鉛印漢文，二三兩版爲石印蒙文，發售伊克昭盟、阿拉善、額陳納及青海二十九旗；並將二三兩版蒙文秘密發行淪陷盟旗。此一報刊忠實報導抗戰新開及淪陷蒙在日閥鐵蹄下之慘狀。由於日閥及共特務並非精通蒙文，故本報往往公然陳列於淪陷蒙族軍政要員之棄頭而成爲每週必讀之刊物。淪陷區蒙古人士歡迎本報之迫切與熱烈，出人意料之外。

邊疆通信報發行之叢書，計有「抗日的蒙古」、「忽必烈東征畫傳」、「蔣委員長抗戰文告」、（約十餘集）、蒙漢對音對義小字典等，均譯成蒙文發表。此冊伊克昭盟志即叢書之一；惟未譯成蒙文，僅抄三份，分送中央黨部、蒙藏委員會及參謀本部參考。

本書採訪者計張集軒、XX、劉鐵符、谷一非、張文友、王康甫、XXX、XXX（爲安全計，姓名姑隱）共八人。張樂軒先生東蒙人，幼爲喇嘛，十七歲徒步入藏學經，獲有固什喇嘛學位。返來蒙字中後，還俗。廣任本訓練班主任、副社長、邊疆通信報社長，自二十四年視月至三十年，經大陸陷匪，張先生憔悴逝於北平，胡宗南將軍借調，任同上校藏文報官。君XX人，本社訓練班第二期畢業。歷任伊克昭盟郡王旗特派吳兼該旗小學報員、本報編輯及總編輯。三十年亦經胡將軍借調，任同少校蒙文報官，三十五年任國立XX大學蒙文教授。蒙文造詣爲全社第一，譯有青史、蒙古權史，並將蒙古秘史復原為蒙文。劉鐵符君遼寧省法庫縣人，本社訓練班第一期畢業，歷任本社記者、伊克昭盟抗薩克旗「特派員」以翻譯。偽蒙文密碼，截抄日偽共俄（延安經庫倫至莫斯科）電報，並主持本社淪陷區電訊，榮獲中央多次嘉獎，奉調中央訓練團三十期結業，派任蒙旗黨務特派員，赴淪陷區東蒙工作。返來，任第八戰區上校特派員。勝利後任多倫地區游剿司令，於三十六年中中共伏殉職。谷一非君遼寧省錦縣人，本社訓練班第一期畢業。歷任記者、伊克昭盟達拉特旗特派員兼該旗小學教員。該旗連長李文山合作，逮捕日本特務僧大喇嘛，即二十五年任百靈廟特務機關長之盛島角房。七七事變後，策反馬錫伯業爾部，瓦解森盖麟慶之偽本九師，任馬錫伯業爾部團附，實際指揮達拉特旗保安隊堅守黃河防線。後以接應偽「綏西聯軍」某部反正，陷身黃河殉職。張文友君吉林省敦化縣人，本社訓練班第二期畢業，歷任沙賓地記者、伊克昭盟郡王旗特派員兼保安團參謀。七七事變後，與張副社長樂軒、劉特派員鐵符合作，驅逐日本特務太田永四郎，截留投日王公X王、X王、X王，並趕走伊克昭盟桃力民奸共趙通儒，斷絕其與大青山中共姚喆之交通。以後歷任鄂托克旗、杭錦旗特派員，三十一年春調任烏審族特派員。在鄂旗時，由於精通蒙語，輔佐章文軒司令，截留班禪活佛之弟奉派赴偽新京朝拜溥儀之策覺林活佛，並處死奸匪數十人，為高崗、趙共通儒所切齒。余感覺渠處境過於危險，遂調往烏審族。同年三月二十六日，奸共策動扎薩克旗保安隊老賴叛變，槍殺中央工作人員十餘人，沙王被脅出走。四月十五日，叛變延至烏審旗，文友與中央工作人員孫宜民、趙蔭普等十餘人全體被捕，十七日慘被叛部槍決！此三年間，文友遍歷郡王、鄂托克、抗錦、烏審等四旗，通信約爲一百萬言。王康甫君吉林人，本社訓練班第二期畢業。歷任記者、準格爾族特派員兼小學教員。七七事變後，與谷一非、張文友兩君協助東北挺進軍馬古山將軍順利進駐該旗，主持該軍與蒙旗協調工作，主客歡如一家。馬將軍委爲少校參謀，北偵日寇，南防中共，肅清內奸，安定準旗。三十三年五月十四日慘遭中共狙擊殉職。XXX君XXX人，本社訓練班第三期畢業。歷任訓練班教師、發行部主任。遍歷伊克昭盟各旗，布置發行網。蒙語爲全社之冠。XXX君烏審旗人。原任旗政府筆帖式（秘書）。二十八年起，始終擔本報蒙文版石印寫版人。X君精通伊克昭盟七旗掌故，蒐集譜牒頗多。

八位所供給之調查統計資蓋累千萬言。余爲了發凡起例，提要鈎去；交由XXX整理；復由文友詳加校削；最後歸余刪定。就採訪時間言計爲兩年；就寫作特間言亦經六月；始成定稿。其中無一事非經親訪，無一字未經推敲；相信應爲民國建元以來第一部以蒙古盟旗爲對象之忠實報告。惟各族王公對抗戰之態度及奉移成陵一章稍有保留而已。余當於近作「大漢十年」中另作補述。

本志曾於三十一年鉛印千册，早經絕版。幸呈送中央黨部之手寫本，經王宇清秘書攜帶來台，四十二年返還原璧。諸君憶及同工或憂死，或國殤，或陷身匪窟，青山一髮，曷勝感傷？而其心血結晶竟得保存，復承蒙藏委員會郭委員長及烏處長惠予再版，俾得流傳，余焉可不縷述從事諸君採訪經過及殉職始末，使其名字與本志長存不朽？並向王宇清教授、郭委員長、烏處長表示虔誠之謝意，見爲序。中華民國五十四年七月一日本社三十年週年紀念日，趙尺子於台北。

三十九、記「東北義救同盟」

九一八事變後，國人民憤慨日閥的侵略，和東北軍閥的「不抵抗」，不約而同，奮起抗日。從二十年九月二十二日國民黨東北同志錢公來、李光忱等決議「組織武力，協助東北軍抗日」的大計貟起，直至二十五年秋才停止大規模的游擊戰，時間共爲五年，中間陣亡義勇軍師長級將領計王子安、馬子丹、高鵬振等七員，團長級約四十餘名，營連排長和士兵無法統計。入祀東北昭義祠（係遼吉黑後援會所建）的，就有三間正殿，靈牌做冂形，每間七排。日閥的侵略，在初期曾被義勇軍遲滯了三個半月（遼西於二十一年一月三日陷敵），以後每年夏秋之際（高粱長熟一期），日軍不敢離開城市和鐵道一步。在中期，義勇軍遲滯了日閥攻擊熱河凡一年又六個月（承德係二十二年三月四日陷敵）。

自二十一年秋天起，日軍分區大舉「清剿」（時高粱已收割，義勇軍失去天然的掩體），每年一次（臨時「進剿」不計），用盡關東軍和于芷山、張海鵬等僞軍金力，才把義勇軍的主力擊潰；但零星小股仍然潛伏山區、林區，隨時出擊。義勇軍的總戰果是，一、日僞只能安全統治僞

「滿洲國」；二、東北鐵道公路經常不能通車；三、日僞稅收銳減；四、日僞庶政不能按預定的侵略計劃而推行；五、主要的是遲滯了「七七事變」直到二十六年七月才發生，（配合著其他案件）使哩民政府粗有抗日準備。

當日軍第三次「清剿」的民國二十三年秋，義勇軍受創奇重。日軍實行「併村」（將遼東、吉林、黑龍江的農村，由一二十家小村歸併成三五百家的大村，以絕義勇軍補給地），「收槍」，有「留村不留屋」（用砲擊毀民房）、「留槍不留頭」（藏有武器者處死刑）的口號，致人民損失尤巨。這一次的日軍殘暴和東北軍民的犧牲，是慘絕人寰的，正是強過「揚州十日」、「嘉定三屠」。（抗日勝利後，我們不索賠償，傷透了東北遺民的心，爲東北淪陷於中共手中的條件之一）。

「清剿」過後，幸而生存能逃出東北到達牛津的義勇軍至少在五，千員名以上，包括眷屬約有萬名。這裡將校約二百餘員，其餘的都是士兵。除了少數是一、二次「清剿」後入關的，原籍財產（田園）房屋均已拋棄，大多數都在失業。第四次「清剿」後內渡的，正値宋哲六親日階段，默許日本特務和憲兵自由逮捕，義勇軍不止失業無法維持生活，而且不知那一天就被日本憲兵捕獲，一去無蹤，可以說是「生既不能，死不知日」，實境是十分悲慘的。這對於平津，也形成了嚴重的治安問題，十分之十的槍案都是「東北口音」的人幹的，說句眞話，就是失業的義勇軍所做的。但他們都有一份抗日的意志，寧返東北去對付日本人和漢奸，實在不願在關內過著偷生苟活的勾當。

另有由東北退到熱河、察哈爾的義勇軍，如遼北蒙邊騎兵第一路司令李海山二千餘人，遼北蒙邊騎兵司令對震玉一千餘人，二位都是蒙古人，部下也都是蒙古兵，限於籍貫，固然無人睬理；朱霽青先生指揮的東北國民救國軍第一師（駐義院口），第四師的十二、三團，第八師馬子丹（由馬副師長子周，第一團團長張占山率領），遠自遼寧退至義院口以北，共八千匹馬，一萬餘枝槍，則被宋哲元全部吃光。加上馮玉祥「抗日同盟軍」瓦解後，將領士兵也流落平津。

當時何應欽將軍主持的北平軍分會固然未理這些問題，而宋哲元、蕭振瀛天天以勾統日閥、販賣鴉片、擴張武力爲事（河北事件以後），更假手日本特務憲兵公然逮捕義勇軍。

筆者因係義勇軍、救國軍的一員，二十二年至二十四年又在北平從事新聞記者，接觸廣泛，深知內情，並曉得問題的嚴重性，曾先後面報行政院長和組織部長陳立夫、中政會秘書齊世英、中央委員梅公任、注意此問題。行政院長置之不理；陳、齊、梅三位先生則囑我擬具具體計劃。當時陳先生是東北力行社的社長，齊先生是東北協會的總幹事，梅先生是東北力行社的實際負責人。我擬定的計劃名爲「東北義勇軍、救國軍再出關抗日計劃」，原件已遺，大意是，一、介紹東北義勇軍、救國軍加入本黨爲特別黨員（根據當時「直接申請入黨辦法」）；二、組織「東北義勇軍，救國軍同盟」（減稱「義救同盟」）和「同濟學會」（以在平津之東北軍失職軍官及東北講武堂學生爲對象）；三、入黨經考核後，由東北協會資助出關抗日；四、抗日，分兩種方式：

係派遣忠貞黨員，或投入僞軍，掌握兵權；或組織武力，洽由日軍收編，所謂「用敵人的餉，養中國的兵」，俟時機成熟，全部起義。這是列寧組織「遠東共和國」的舊戰術。

上述計劃，約在二十三年秋，經陳先生批准。抗日方面歸齊先生領導，直接入黨方面由梅先生主持。筆者是駐在北平的計劃執行人。「同濟學會」於二十三年七月九日召開會議，出席九十人。北平市政府社會局派李樹華、北平市黨部派楊德馨出席指導。來賓有曾擴情、潘鼎新、李士林、劉國奮，俞公禧（方覺慧的代表）、高蔭棠（憲兵司令邵文凱的代表）、大公報記者趙惜夢和復生新聞社兼北平晨報記者的筆者。

「同濟學會」成立後，登記會員多達八十餘名，統經梅先生介紹直接入黨。入黨後凡經我考檢無失者，先後分別由陳果夫先生、立夫先生、齊、梅兩先生設法安排工作，單只在江蘇省政府和各縣政府就業者就達五百餘人。二十四年春，張學良先生邀筆者赴豫、鄂、皖三省剿匪總司令部晤談，我向他陳述「同濟學會」會員失職現狀。他囑我傳達該會會員，憑我的手條介紹赴武昌報到，每人預支旅費三十元，又安插了絕大的一批。「同濟學會」會員以取得了中國國民黨的黨籍爲絕大的光榮，同時亦增加了信仰心。據我所知，除國玉鑽等三五人因係共產黨，自始便和該會分道揚鑣以外，都能始終效忠黨國。

在「同濟學會」成立後，我負責了另一工作，就是由「學會」會員介給東北義勇軍、救國軍將校，籌組「義救同盟」。由「學會」的委員耿繼周、欒法章、賈秉彝和李涵光等奔走聯絡、費時數月，調查出忠貞抗日無劣跡的義勇軍、救國軍在平、津、保各地者的二百餘人，定期於「九一八」三十九週月，正式歃血爲盟。先是，日閥進迫，北平告急，義軍自危；所以到了同盟正式歃血那天，實到只爲四分之一強的五十五員。

那一天，氣候嚴寒，北風凜冽，北平市吹著迷目的黃沙。當盟員陸續到達昭義祠的時候，面對著殉國的兄弟靈位，有些位不禁淚流滿面。典禮由李三十六兄涵光司儀，大哥楊泊航（威）就位，衆兄弟就位，面北，向東北義勇軍、救國軍、自衛軍先烈行三鞠躬禮。然後大哥向後轉面南，依次歃血三滴，混入火杯；舀出一小杯，由某兄到鄰室書寫誓詞；次大哥演說「同盟成立的意義及其任務」（他次首宣佈自己的「山頭」是「三江好」）；時誓詞已用血酒研墨寫訖，由大哥宣讀，衆兄弟循聲復談；又次，衆兄弟恭拜大哥一鞠躬；更次，分東西列，衆兄弟相向一鞠躬。禮成，攝影，會餐（在西四牌樓北某飯莊）。這些用費，都是宋北力行社所付出的。

「義救同盟」成立後，當即依據計劃，展開工作，有些化裝出關，再舉青天白日旗，從事游擊，如張九兄海天、劉十五兄振東、王二十一兄震……有些位潛入僞軍，如李十一兄海山、賈二十三兄秉彝、呂三十一兄存義，馬三十八兄子周、呂五十弟明光、欒五十四弟法章……後來都做出了驚天動地的工作。有些位殉國者，筆者已寫入「反共抗俄經驗談」；有些留待寫各傳。關於出關游擊、潛入僞軍的身份證明（政府不誤會是漢奸）都是經梅先生呈轉東北力行社備案。迨二十六年大本營成立，再彙送第六部（陳立夫先生任部長）備案。王大任委員所撰「梅公任先生的革命事功」未提這椿重大的事功，大概因爲只有梅先生和筆者兩人知其梗概。關於出關的旅費、家屬的資助、成功歸來後職務的維護，大都由齊先生主持的東北協會負責。我所記得的如劉十五兄振東犧牲後，據東嫂和劉老五的生活費每月八十元，而由齊先生付出數月，並安頓於南京將軍廟。後劉老五受任參謀本部上尉聯絡參謀，奉嫂北上，始行停發，而共一例。

四十、蔡智堪

札記停筆多日，有負讀者。顧在此間，余爲讀者訪得傳奇中人，亦復爲黨國發現忠貞之士，即蔡智堪先生是。蓋「田中秦摺」一則，見中副九月二十一日，謂「台灣人蔡某，生於日本，改姓山口。山本條太郎爲田中修正秦摺原稿，山口私錄一份，供給我方。」余記曰：「頗願一晤此可敬之台胞蔡君（山口）；顧秋火茫茫，伊人何在？」旋連得蔡智堪三函，據以得知：「蔡某」亦即山口，實爲蔡智堪先生。蔡智堪先生說永井柳太郎處得「田中秦摺」，以交王正廷、王家楨兩先生，因得曝於世。蔡智堪先生三函及其所寫補正稿五六則，均有絕高之史料性，余不可得而私也。知堪先生者，爲黨國宣勞如此其巨，一言一行無不可入黨史，今且健在，是誠黨國之光也。余得次序其文，有榮耀焉。孽子自識

孽子先生：

忽接一封書，勝獲十萬錢。捧讀之餘，情文備至……

茲奉讀者：余祖先由河南省隨鄭成功入閩，任鄭軍左先鋒。再由閩而來台灣。素爲中部豪商。

余痛先人創業之難，不忍台灣陷於日賊，謀有以拜君賜；且因發展商業計，於五十年前移住東京，經營南洋出入口商兼輪船業，致日本朝野敬為富僑。　國父以余薄有財富及日本學識，錄為興中會會員，專任遊說日本朝野，宣傳中國革命。不意山縣有朋元老發動帝國主義，暗助袁氏稱帝。國父謂革命已蹈危機，勉勵黨員各自為戰。余奉李烈鈞先生命、煽誘日本民主主義大家尾崎行雄文相，藉內閣「一蓮托生」之權，毅然反抗山縣暗助袁皇帝之政策，使袁氏特使楊度徒勞無功。尾崎貧苦，事後每次競選議員時，余莫不秘密助以物資。去年，李烈鈞夫人華氏辱臨敝宅，始痛悉黨國元勛已化古人！抗戰九年，余亦老矣！

打倒山縣政策後，余與李烈鈞先生作同根之樹，「南枝向煖北枝寒」，復為同命之鳥，「東飛伯勞西飛燕」，一往華西而班師，一向華南而救友：余乃保護蔡松坡先生，乘日輪「信濃丸」經基隆，轉滇省。不幸「信濃丸」入基隆時，日督忽欲逮捕蔡先生，孝敬袁皇帝。余乃急託舊友賀來總務長官及相賀警務局長，以「一蓮托生」為盾，求日督相諒；一面以巨大私財賄賂基隆水上日警，負蔡先生由捨煤灰艙口逃出，乘小船，赴海防。家叔蔡德喜時客小呂宋，與余謀，捐巨款，派其姪親送蔡先生。抵海防下船時，袁皇帝密探既待於船頭，誤認蔡姪為蔡先生，一彈飛來，命中倒地！蔡先生幸得脫身入滇。此乃上天特賜其人、造福中華民國耳、事詳於松坡先生基隆遭險手記。三十五年春，松坡之姪孝肅君來囑為序，並問心境，余作詩以答：

悲吟永日類寒蟬，舊事重提輒惘然！十載傷神因黨國，半生守拙在田園。

鄉關久鬥堪同漢，愁病交侵祇自憐！中夜欲眠眠未得，幾回搔首問青天！

余自入黨以來，以上述兩事，差堪自慰。遵　國父遺訓「黨員要作大事，不可作大官」，僑日多年，自動爲政府作地下工作。自譾足衣足食，雅不欲接受政府津貼；並輸巨大私財，漁取日方謀我有關檔案，俾供政府參政。

如田中奏摺之入手，脫非余犧牲九萬美鈔，則此有利宣傳材料必落於赤俄之手。當時不獨赤俄亟謀購得此件；即美國所派斯契姆國務卿次子，秘密駐橫濱福特自動車廠內，謀取日本海軍密電碼，亦需田中奏摺。奏摺取得後，王正廷、張群、王家楨三先生、贊同余之提議，交由外交部公佈，使國際不敢依靠九國公約及「石井藍辛協定」，認日本在滿只享權而已。第二次世界大戰時，我得英美之助，出於王家楨先生宣傳奏摺之功，余不敢獨居也。而當日與余同工日友數人，目下雖出獄，生活則非常慘苦。爲表示我大中華民國爲政者之大襟懷計，余盡力所及，莫不與以些微資助。

九一八事變，余與許大使（世英）及文秘書秘密策劃日本退兵東北之計。國聯調查後，日方朝野亦感不合道義。爲掩飾日軍免受其國民譴責，我方按以十億大洋賠償日方，俾其退兵有詞可借。余密訪近衛文麿二次，渠均不反對此舉。所可憾者：梅津中將事機不密，少壯軍官極力反對，以致有心揷柳，偏不成林，滋可嘆也！事後，余與黃郛先生分工合作，煽動日本財閥反戰；加以床次竹二郎問題連累，余被捕，拘於台灣，家眷九口阻於橫濱，在日本之高樓、水田、店舖、輪船、價值二百餘萬美鈔，悉被沒收。余爲國毀家，不以爲惜，反以爲榮。最不可以堪者，日本財閥二十餘人亦牽連破產入獄。余迄未有以答報，只有望諸將來耳。當時東京讀賣新聞曾以二號大字標題：

「蔣介石在日本之地下二十八宿歸天。」

至三十四年十二月，黃郛夫人沈氏聞知余尚繫獄，代爲呈報蔣主席，以國民政府文官處處字第三二二〇號電，電陳儀長官，余始恢復自由，收集台灣南洋各地殘餘財產，以作曝曬殘骸之計，潛居園林，詩酒爲樂，如是而已！

二二八事發，余恐張少帥受危，雇四十青年，懷巨金，披星載月，急赴竹東井上溫泉，期保漢卿先生平安，以了舊屬之誼。事定，方率同伴回鄉。忽接王家楨先生來函，詢及少帥健康，余作詩以答：

竹東風月足閑居，人境何妨結毅盧。酒畔高歌新製曲，飯餘補讀未完書。
忘機人既馴鷗鳥，食古誰甘學蠹魚？更有溫泉供嘯傲，不須分席問樵漁。

毅廬者，漢卿所居之室。渠比年精讀明史，卓然成一家矣。去年，余與莫德惠先生晤於草山賓館，據云家楨先生主持東北生產事業，爲國奮鬥中。今拜讀眞涅槃室札記，驚悉王先生被俘，令人怛惻！天乎！知己豈有恢復自由之望？當年繼王先生之後，有趙先生者寄餅餌資七八個月，共爲千餘元，余悉交山本家書生取去。趙先生大名已忘，幸先生有以教我也，不勝拜託之至！

近來耽讀札記，聲和被紙，琬琰成章，遙知下筆，著手成春，如與晤談，不衣自煖，聞蕭夫子之風，五尺童子羞稱曹陸矣！記以詩曰：

一傳中舍百苦辛，才華如此竟埃塵！危年浩劫尋常事，我亦悲歌感慨人。至於田中奏摺入手詳情，當查日記，別紙錄呈。關於皇姑屯事件、床次竹二郎事件、楊常事件、中村事件，余均有所知，其中亦均有余在。余爲東北事，盡傾心（精神）物（財產）……家人輒攻擊余爲「老子式孤忠」。顧事起於九一八，親愛之「東北派」流離失所，較余爲尤悽慘，余愧作之不暇，何須自漢……六二老人蔡智堪拜上。

四十一、日本人自稱太伯之裔

「日本」初見於後漢書東夷列傳，曰：「倭在韓東南大海中……大倭王居邪馬台（楷當爲yamat，義爲多山，ya 即嶽）……建武二年，倭奴國奉貢朝賀……桓、靈間國大亂……」丁謙東夷列傳考證曰：「邪馬台即倭音之大和也」，似不確。

「倭人在帶方東南大海中……魏時有三十六國，戶七萬。男子悉文身黥面，自謂吳太伯之後。漢末國亂，乃立女子爲王，名卑彌呼。宣帝平公孫氏，女王遣使至帶方朝見，其後貢聘不絕」（晉書四夷傳）

「倭國在高驪東南大海中。世脩職貢。（宋）高祖永初二年設諭之。元嘉二年，遣獻方物。」（宋書夷貊傳）

「倭者自云太伯之後，去帶方郡萬二千餘里。其王自魏、晉以來貢聘不絕，並受中國爵命」（梁書夷貊傳）

「日本平安時代初期（唐代）所編纂的新撰姓氏錄，及日人栗田寬博士的考證，日本全國二千三百八十五個氏族中，有七百個爲華人歸化氏族。這些華人後裔，在古代日本社會中，舉足輕重之地位，甚至皇室之廢立，城都之遷移，都受其影響，可說是掌握了古代日本國家之命脈，尤以秦氏一族最爲強盛云。

（一）日語「音讀」的注音者們常把不是這個漢字的日本讀音強行加在這個漢字之上，如下所列：鼠字古音 hu（國語「耗子」之「耗」），日人則強行音爲ネズミ；牛字古音 na（guna 牯牛），則強行音爲ウシ。十二獸的「音讀」只馬音マ、豕音シ算是對了一半。

（二）「地支」十二字見於殷文（甲骨文），在中國有三千五百年的歷史。筆者用這使用得很古而且成套不可分的十二個字做爲亞洲語言比較的座標，遍查亞洲黃種語言的十二獸（十二支的起源），發現蒙古語裡完整地保存著三千五百年前的複音；而漢、滿、回、藏、苗、傜、夷、泰、越、緬、韓以及日本實只用蒙古所保存的古複音語裡的一個音節或兩個音節。因此得知：蒙古所保存的古複音語（訓讀）是三千五百年前的古中國語。

四十二、自傳　民國二九年九月十四日

一、余遼寧省錦縣人。曾祖金堂公自河北省昌黎縣出關屯墾，因卜居焉。祖朝政公學儒書，入府治爲提牢，即今之典獄長也。父墨林公畢業師範學校，爲小學校長有年。余五、六歲，公教以識字，八歲入小學，迄十四歲入高等小學，受庭訓者累十年。余尚聰穎，而公督教復至嚴，五經四子計週背誦，左國之屬則輪月復讀。夜則爲講黃眉故事，其全書六巨册，余童時幾爛熟胸中。一時先生大人輩對余多垂青眼，督學劉公者表其報告於縣教育週刊，竟指余爲「奇童」，實僅吟詩對字應答如響而已，思之彌覺汗愧也。余家祖產良田二百畝，於村中稱「二等戶」；而自余率部抗日，被敵僞沒收。一家六口流離關內，余仰事俯畜，擔負頗重。余十七歲與侯淑身女士結婚，生女子二人。

二、余入縣立第二高等小學時，年十四歲。入校第三日即以文名師友間。國文教員李有翼先生，油印余所作「春遊記」遍發同窗，定爲寫作藍本；而余亦自此爲同學所妒，頗不自安。明年校長武正清先生之尊翁子彪公設帳於其家，余乃往列第子籍，所以避同學之鋒也。從子彪公學宋明理學二年。十七歲，升瀋陽第一中學，英文數學均列丙等，而國文爲獨優，竟有「一中三才子」之譽。次年夏，余以腦病休學。又次年秋，余病已愈，乃轉入北京弘達中學，時已二十歲矣。民國十六年夏，中學卒業，余升入朝陽大學。自余赴北京至升入大學日止，余之課餘生活爲讀書（文學、哲學）賣文，受今中委吳稚暉先生文字影響頗深，余曾主編一週刊，而以「稚暉」名之，以示私淑之意也。餘如語絲、北新半月刊、京報副刊等，時刊布余之作品。十八年秋，余以朝陽大學官費，轉學早稻田大學。蓋兩校向例交換優等生，余自入校迄第三年，每試必作亞軍（第一名爲今朝大教授曹君），故邀遣送也。大學時代，余參加東黨學運工作，「五三」北京學運即余所領導，以當時北京統治省之張作霖爲遼寧人，余則以口音同里之故，爲全市學聯所推重也。在東京時代，余亦參加第二十一區分部爲書記長。課餘則以賣文爲生活，亦所以資膏火也。民國二十年秋，余以日寇決心發動事變，不容久留，適亦卒業，返回祖國。余之學校生活，告一段落。而不意九年之後，遠自長城一角，行三數千里，入本團爲學生，蓋余之上級領導人認余久違都城，埋身沙漠，一切均已落伍，藉本團以充實余之學識，再授余以抗建必要之知識，盛竟殊可感也。

三、綜計余之半生，生活實作多邊多角形，而變化多端、忽而文，忽而武，忽而現，又忽而隱焉。語其文者，余自十八歲起，發表文章，時瀋陽公數民報時報均載余之說部及詩。二十二歲，以文字因緣，入大同晚報爲編輯，前所述「稚暉週刊」而作於此時也。北伐成功及，北平有三民半月刊，余每期投稿萬字，可支稿費五十元，則以此費創刊「自己月刊」焉。二十年歸國後，余一時兼爲瀋陽三報編輯（東三省民報、東北商工日報、報聯社），不二三月，九一八事變爆發，余乃由文而變於武。初則創辦農民抗日軍於故鄉，奉黨部決議而組織民國以爲之者。自二十一年一月二日余縣淪亡、率部出走，曆八角台三才寺、梯子溝諸役與敵寇藤田部隊相特省凡四月，而同去營長劉重民等四十一名殉國。余特書此節，非以傳余，所以傳諸烈士也！同年四月，今中委朱齋青先生奉命出關，余調任黨代表，而將所部編爲一團。朱先生數度攻擊朝陽、義縣、錦縣、余及所部無不相從，復歷北鎭，大凌河諸役，而余病不能興。入於二十一年冬返平休養。時余家田宅已遭籍沒，先親幼女逃平來依。共明年而熱河淪陷，余部改編，乃又變而入文學界。歷東望周刊，復生社刊，北平晨報，東北青年週刊，余在北平主編刊物者凡二年，此余顯而現之時也。其後，余於二十四年，奉社長立夫先生批准，深入蒙族，從事蒙古工作，匆匆又五年矣。此際也，余遠涉流沙，與天幕明駝爲隣，不求人知，亦不願人知，而以論文而言，余不用眞名者亦且五年，他可知矣。此其隱也。

四、余抵北平之年，本黨在北方爲受難時代，而三民主義諸書遍覓不得見。友人管滌之，稍稍授余以建國大綱讀之而大快，十五年求三民主義一舊册於故書攤，視爲自寶，不以示人。十六年，余以管君之介，入翠花胡同黨部爲黨員，後知爲小組織，余逐謝而去之。十八年一度任河南省淮陽縣黨部秘書（此名義不見黨綱，係該黨部自創，以優遇余者），十九年迄二十年，任東京第二十一區分部書記長，二十年任瀋陽市黨部書記長，二十一年任獨立第四師黨代表，此余正式的黨部工作也。余最感興趣而自詡有功者爲黨團工作，余以此組織抗日軍，創辦義勇軍，瓦解僞軍，以迄在蒙工作，均係黨的工作，而請准上級爲之者也。

五、余自二十四年七月奉派入蒙，始終未離崗位。抗戰以來，余率全體同志，在敵後敵前，瓦解僞蒙，保障伊盟，要而言之，可有七點：

甲、截獲敵人間諜太田及投僞王公沙王、圖王、阿王等。

乙、保護五十八軍通過伊盟。

丙、組織達拉特旗團長馬子禧反正省四百名。

丁、揭發班彈二弟策覺林活佛投僞陰謀。

戊、策動奉移成吉思汗陵。此爲七百年來一大事也。

已、完成包頭、歸綏、百靈廟、張家口情報網。

庚、發行蒙文邊疆通信報。

先嚴民國十八年攝

先嚴民國十三年攝

六、余之人生觀、一事業人生觀也。余恒謂「業」之爲物，其類有三，五日京兆者「職業」也。安身立命者「事業」也。功在千古者「德業」也。聖人志爲德業，庸人志爲職業，我輩青年，其志在事業乎。得一業而終身爲之，生死寒暑而不變焉，度乎可矣。自身學識，差足應用，辦事能力尚未覺缺，蓋余生居多變，前已言之，磨練之功夫頗不少也。喜讀書物分爲三期，幼年喜理學，青年喜哲學，中年則喜政略、戰略、處人、對物之書。余平生軍政黨工作均屬「客串」，人不以部下視余，故余亦無可指之長官。至可爲余師者，身親者爲子彪公，私淑者則吳稚志也。余除低菸外，別無嗜好，文人與菸實爲不可分者，余之嗜此，或足助文思也，批評自我，下筆甚難。余好名，而工作上有所不許：此一點也。余久經世變，火氣全消，內面雖自信爲完人，外表人或謂爲鄉愿：此二點也。余吃苦之精神尚不足，此三點也。雖然余有畢生工作爲余所稱事業者在，則蒙古文化啓蒙運動是余已爲之五年，矢將以三十年精力爲之。

四十三、皇姑屯與田中

蔡智堪曰：皇姑屯事件發生，田中義一方任首相，依國際法論，首相難辭其咎。余密報張漢卿氏，指田中爲主犯；一方煽動民政黨中之江木伯爵，藉題發揮，追擊政友會田中首相。

民政黨先即接有線索，乃託余偕該黨總務長永井柳太郎，化裝商人，亟赴皇姑屯視察現地。時永井之同鄉名大川清三郎者，任南滿鐵道路警，待諸車站。余三人共赴北寧南滿交叉地點，查明起事模樣及爆彈位置。已，大川邀余等入韓胞金姓家，飲茶訖，其老婦獻布包，則爆彈筒也，筒上刻Ⓘⓢ，日本帝國軍工廠之牌號。大川曰：斯則爆炸當時韓民路警由道旁拾獲之物也。余與永井見之大喜。大川初求價日金十萬元；後恐滋事，勢須與金姓全家遠遁吉林，方能保兩家姓命，又改索二十五萬元。查日軍武器法規，非天皇宣戰或突起事變，帝國軍工廠製造爆彈不能使用。永井及余獲此確證，則打倒政友會無難事矣。對大川要求之數，焉有不依之理？顧永井僅攜現款十一萬元，急切不可辦。余雖帶鈔二十餘萬元，則備以還大連油谷公司大豆欠金者，因提出十五萬元，易爆彈筒，納永井公事包中，急返瀋陽市。

余初欲赴小南邊門街訪王家楨先生，然已鐘鳴六下，不得已至奉天日本領事館，訪林總領事，要其即電話張漢卿，定今晚八九點相晤。林久治郎總領事，隸民政黨，頗持重，對曰：介紹面謁張氏，必招政友會誤解，不利此行。且余爲總領事，立場亦感困難。既有確證寶貝，何不速回京，益爲得策云。永井與余認林君所言殊有理，辭出，當夜夜車赴大連，返東京。

日本議院開會，民政黨持⑱爆筒，痛訐田中；田中遂下台。渠謀炸張大帥，實行起事，合併滿蒙，亦告暫停云。

四十四、田中與揚宇

田中首相決意合併滿蒙，乘東北行將易幟之際，召集參謀本部當局、研究至再，派遣最有名之「三國演義大家」林權助策馬以進。初，林權助告田中曰：「張作霖與余，異姓兄弟也；學良須敬余為義父，余之言，渠必聽從。余如穿八卦衣入奉天演空城計，以無血取蒙滿，何難之有？且學良者劉璋耳！」

林權助將啓程，田中命廣島師團秘密發東北，駐屯撫順、本溪、煙台迤帶，待命進佔瀋陽；並令正金銀行準備現款三千萬元，應林權助之用。蔡智堪曰：「余自『五加皮派』得茲息，急函報王家楨先生，請其認識林權助之空城計，勿見其欺，且須集中我方權謀策術大家以對付之。憶余函原句有云：『楊宇霆舊號小諸葛，未知有何良策也？』旋得東北長官公署密覆云：『楊難靠，王座別有對策，免介』云云。主座謂張漢卿也。

「林權助抵瀋不久，忽報載張漢卿槍決楊常矣。田中為之失著。——余今年六十二歲矣，公表此間經緯或無過早之譏；蓋余得『楊難靠』三字後，敏總田中其與楊宇霆別有企圖乎？楊將為譙周乎？適畏友姬野主筆來訪，稱渠表弟任陸軍教官，不日赴奉出任楊宇霆顧問。姬野耳語余曰：楊受日本助，即可掌握滿洲兵柄；學良不肖、形將出逃關內云。余乃急電張氏預防之。並傾私資萬元，委託麥少彭小姐（廣東籍）扮為安田銀行行員家眷，化名小林春，購頭等船票，與林權助同船赴大連。夜，椗未啓，大餐間開宴，林權助秘書格人物一，入廳，低語林權助曰：首相電話：『對楊之事，雖五千萬元亦所不惜』云。麥小姐聽之絕確，急報余；余急函少帥。及林權助既抵瀋，而楊常死訊亦聞。

「憶少帥初得函時，曾責余為『無智』，謂：『外交官出國無須帶三千萬巨款，即任何國外交官亦不如此。但其巨款必有作用，蛛絲馬跡，一目了然。』並獎余云：『蔡君獻身為國，非名利中人，令人感謝。容必有以報也』云。」

四十五、日語「訓讀」和漢語的血緣

一、「音讀」、「訓讀」的日語都是漢語

日語（文）的「音讀」都已經寫出中國字了。少數字形和字音的配合雖然不免乖誤；但筆者對於隋唐以來日本的華學生尤其境部連石積等的努力和成果表示由衷的欽佩。因爲他們考訂日語（文）「音讀」能寫出中國字，揭開一個史幕，就是日語（文）「音讀」本來是中國的語言，在隋唐以前，日本人也是說中國話，我否定這些中日同音、同義的漢字是隋唐時由日本留華學生借入日本去的——所謂「借詞」的說法。

可惜當年日本留華學生雖然把日語和隋唐時代中國語文的同音同義語文寫成「音讀」；但限於學力，未能把全部日語都寫出隋唐時代的中國文字，遂把不能寫出中國文字的日語寫成「訓讀」，並以爲「訓讀」是日本獨有的語言，和中國語文乃截然兩種語文。千餘年來，日本學者「上窮碧落下發泉」去找「訓讀」的語族，仍然徒勞無功。

筆者研究漢、蒙、滿、回、藏、苗、傜、夷、泰、越、緬、韓、等各種語文，確實證明：所有亞洲黃種人遠在六千年至四千五百年前都說一種語言，這就是保存於現代蒙古的古中國語言。這種古中國語言是複音的（中國謂之「聯綿語」）；主要語法是依主詞、賓詞、述詞的次序所構成（中國謂之「倒裝句」）。六千年以來，說著這種古中國語的中國人佈滿了亞洲。但有些人（例如蒙、滿、回）仍然說著複音的古中國語；有些人（例如藏、越、緬、韓）把複音的古中國語簡成半複音；有些人（例如漢、苗、傜、夷、泰）把複音的古中國語簡成單音。語言分化，遂使原是一種的中國人分化成爲許多民族。

日語就是屬於上述半複音的一種語言，較藏語爲簡而較漢語爲繁。隋唐以來的日本留華學生把這種半複音語寫成一〇八二七個中國字（據小柳司氣太編「新修漢和大字典」），謂爲「音讀」；把這種半複音語的不能寫出漢字者謂之「訓讀」。

二、「訓讀」的日語大部可以寫出漢字

但「訓讀」的日語究竟能不能寫出漢字？換句話說，「訓讀」能不能「音讀」呢？筆者現在可以說：能！

試就「地支」十二字的「訓讀」、「音讀」和蒙、漢語文列表比較說明於下：

日語訓讀	日語音讀	蒙古語和漢字	比較
ネ 子	ネズミ 鼠	hulugana（鼠）鼠鼬鼩鼢	訓讀示即鼢（ma）
ウシ 丑	ウシ 牛	uher（牛、象）豫象□	訓讀ウシ即豫象（uhe）
トラ 寅	トラ 虎	uturis（虎）虞虢虍□	訓讀トラ即虢□（turi）
ウ 卯	ウサギ 兔	moltokchin（兔）娩□兔□毚	訓讀ウ即娩（mo）
タツ 辰	タツ 龍	matar（蛟）蟒蛇□	訓讀タ即蛇（fa）
ミ 巳	ヘビ 蛇	matar（蛟）蟒蛇□ irbis（水蛇）	訓讀ミ即蟒（ma）ヘビ即irbi
ウマ 午	ウマ 馬	unagan mori（家生馬）騧□□ 馬駵	訓讀ウマ即騧馬（uma）
ヒツジ 未	ヒツジ 羊	sik imaga（有角羊）羊祥□綺□𢆉	訓讀ヒツ即祥□（sik）ジ即■（ga）
サル 申	サル 猴	samji（猿）猻獮玃	訓讀サル即猻（sa）
トリ 酉	ヴトリ 雞	fahiya（雞）鵜雞□	訓讀トリ即鵜（ta）
イタ 戌	イタ 狗	nohai（狗）玃獌猶	訓讀イタ即猶玃（ino）
ヰ 亥	ホノシシ 豕	gahai（豕）豥亥	シ即亥（hai）

三、解說

一、子與鼠子，殷周文作⿱口屮，从屮，口聲，古音ga（chaga〔嬰兒〕ナ子）。殷文假借子字爲hulugana（鼠鼬鼩⿰鼠今）的鼩（ga）；日語「訓讀」爲ネ，實應寫⿰鼠今（na）。說文：「⿰鼠今，鼠屬。从鼠，今（ene urluge〔今〕之ne）聲。」鼠（hu）鼬（lu）鼩（ga）⿰鼠今（na）都是「胡地風鼠」（說文）。

二、丑與牛——丑，殷周文作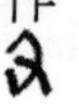，象牛之偶蹄形，古音ni（uniye in ni，乳牛），殷文假僞爲uhsr（豫象）的豫（u），日語「訓讀」爲ウシ，實應寫爲豫象（uhe）。說文：「豫，象之大者。予（ukgu〔給予〕之u）聲。」「象，長鼻牙南越大獸，三年一乳。象身牙四足之形。」保存中國古聯綿語的蒙古人亦誤以「豫象（uher）」爲uniye（乳牛）；日語則沿共誤。象字有殷文，豫字有周文。

三、寅與虎——寅，殷文作，象箭前進形——

四十六、駱駝草詩集十七首

一、日記一冊題贈傅主席

迢遞三千里，攜來①記事珠。陽春人獻酒，大雪將防胡。獵罷頻磨盾，軍中好箸書，留收征戰史，待與往陰符。

①自漢攜來

二、曼霖週忌並悼介夫

披來當日血衣裳，痛向西郊哭一場，十載①眼看人長大，彈丸誰促汝橫亡？亂年能令青年死墓草偈先寒草黃。昨夢分明同社日，高持文字與商量。

曾讀燈前戀者歌②斯人第一是情多：夜持畫筆描奴隸③遠陟寒沙養駱駝④。草稿每從催處好，新詩半為感時哦。遺刊二板高粱葉⑤國難文章定不磨。

來陪憔悴向邊塵，愛我多愁久病身：飯勸頻加常帶淚！⑥文經三校更留神。五年慚愧呼師友，⑦季世模糊是怨恩⑧事業心忙君又去，能分憂瘁更何人？

悵望雞山又兆山⑨亂雲低覆兩孤棺。埋愁遠隔三千里，化蛻剛逢廿七年。⑩芳草未應怪雨老，伯仁當悔擇交難⑪。苦辛修道成何益？我對人生已改觀⑫。

①民國十七年與君訂交。②君第一詩集名。③君長篇小說『奴隸地帶』，刊於余主編之東北青年週刊。④余囑君主編『駱駝草』週刊，刊於西北日報。⑤君第二詩集名。⑥一日君入室，向余低泣，意有急難事，驚問之；曰：『適觀兄色氣大壞。事業正忙，用心過度，如長此拘執共甘苦之義，致營養不足，殊非吾輩所甘。務請改善飲食，必無人許兄也。』⑦余長君五歲。君對人常謂：『吾與尺子，道誼在師友間。』⑧君負傷第三夜，余告以『已爲君家寄錢矣，』君臥，搖余肩而泣。勸之，泣更甚，曰：『兄思何日可報？哀哉』！⑨介夫葬南京兆山。⑩兩君卒年均二十七歲。⑪兩君如不識余，必不加入余之苦境。若然不敢傷死狂死。⑫余與兩君及諸友標榜苦修。兩君故後，余念人生草草，人生觀爲之一變，年來亦可稍稍假借矣。

三、悼尊眉先生

載筆來邊地，言尋蒙古通，請君說野史，爲我補長城。①許下堂前榻，長歌塞上行。蹉跎才幾日，驚失魯諸生！

當年三十許，遊蒙廿餘年。史以人爲主；人亡史亦殘。親勘游牧記，未作記行篇；並語諸邊客，應憐掌故湮！

①余時主編長城線週刊

四、雜感二首並序

本社四週年，本報創刊之日（二十八年七月一日）榆林及旅榆文化界諸君子來祝。雜出所感，各奉一幅。待字苑裡春，舊日梨花長作雪，不知花底更何人』一絕，忽作共鳴，而稱一字者也。始則索和，繼以贈詩，逼令小巫，權登大雅。若余者，舊學全荒，新詞失拍，門前弄斧，牆外估經；質之方家，得勿葫蘆，大笑也耶

聞說涼州久防秋，新詩字字記邊愁；半生苦勸離人酒，一絕低吟小玉喉。大漠正寒誰出塞？晚晴可愛客登樓；要看無定河頭水，直下中原作壯流。

五、新聞圖書館開幕

柳千茶下水潨泂，誰把石渠寶庫開？堂上先師應作笑；書聲新自泮池來。

六、壽高志清先生並序

志清先生寧夏獨立，爲我中華民族自求解放戰爭第一役，早於義拳事件尚若干年。其後歷次參加國民革命。老年高臥長城線上，於西北戰場決策，片言九鼎：要自其『爲氏族爭人格』一念而來。惜心史闕文，爲可哀也！日前遇於崧園，辱承索詩。余維先生之行事可歌，而秀才人情不容不盡，用並塗鴉以爲壽。

曾抽長箭射天狼；老看東夷又跳梁。五十年來憂患史，先生鐵板唱開場。
謝傅高眠雪滿頭，素書新註出留侯。北方諸將都稱弟，談笑之間決大謀。
誰是安危可仗才？愁他孤堞亂沙堆！年年默守長城線，要引青年飲馬來。
大河風雨接幽燕，國難鄉愁上一肩。烈士暮年心未暮，聞雞捧出十三弦。

七、題雲閣寫贈梅花橫幅

凡草凡花也足珍，更誰傳信到詩人？年年老向紅雲拜，要乞天涯一段春。
夢斷羅浮鐵騎來，胡塵莽莽滿瑤台！先生爲我吹羌笛，我對冰魂哭一回。

八、詠古四首

爲大將軍二十年，紛紛都道伯苗賢。名文代有人翻按，學武亦曾不愛錢。
關西威望震如雷，久識溫文是帥材。二十七人齊拜手，推公領袖上雲台。

色當便是古陰平，壠右諸軍鎮不驚。我作敵工公作戰，千秋一例出奇兵。
秀才攜得一張紙，來向轅門獻壽文。要改楡陽爲鄧至，新修書志紀將軍。

得水彥書

邊城雁影總愁予，誰寄梅花問索居？今日許多函扎到，最先開椷是君書。

九、贈湯化府（怡）同學有序

化府學長兄別已十年。沙城相遇，歡逾疇昔。而念母校板蕩，故友塵飛；余則久稽塞下，一事無成，過承慰勉，感嘆交並。今君將返長安，小聚復離，能無悵觸？姑獻短章，以當杯酒云耳。

厚履寬袍緩緩行，學風吾校久擅名。相逢不覓成微笑；依舊當年魯兩生！
圜橋歌散虜塵囂，痛說遺經疊馬槽！海運倉中枯草長，料來已比講堂高。
力孤學淺復時艱，雞助生涯已十年！愧聽『往遊西域』①語，不知『淨土』在何邊？
將酒酬君以醉辭；河梁爲唱別離詞。軒輪南下驕諸友；采得同窗數首詩。

①君寫聖教序『翹心淨土』一節贈余。

十、陝北道中

牛車鐵瓦兩輪高，快比並州好剪刀；大道分明白似練，被他剪得一條條！

十一、出延安

原來行易而知難，且把吾身作證看：淡日寒雲三百里，飛車安穩出延安。

十二、青雲曲並序

〈一〉三十年農曆三月初三日，我軍告克色顛灘。榆林七賢大會文，七十餘人於青雲山，修禊事也。分韻得賣字。余僅能為小詩，而仄韻不宜於絕句，勉學為古風，希吟君在人家當『特務』，偷偷悄悄已經年；皮包滿滿裝情報，顛倒湖塗定幾篇。

新聞印與多人看，情報直達最上層；此事動關天下計，要求更正也不能。

非非是是要無差；功莫添鹽把醋加。打了南天門上碗，教人沒處對碴碴。

一言誤國或與邦，分寸幾微自酌量。今夜上天言事去，良心第一放中央！

贈詩原為結交親，交淺言深歉不禁！元旦重來陪罪過，大家本是一家人。

壇指疵。

〈二〉北望黃河殺氣止，血花飛入榆谿水。榆谿戍卒忽驚傳，走告紛紛『春到矣！』今年正是永和年，名士移家江右邊：此地古為塞下地，大軍久飲秦中泉：流離征戰俱會苦，聞得春來都起舞；折簡將軍過見招，聯騎直上青雲隖。青雲隖上春何有？不見繁花共垂柳。踏著芒鞋到處尋，原來春在諸公手：伯苗自古為名將，歲歲溫文屯塞上，春秋楚子記代蕭，三軍彷彿都挾偏。伊誰安定伊克昭？談笑能將虜氣消，無定河邊高君舉，斬頭千級始封刀。朱家一世弛戎馬，三晉不名呼『老者』，默守長城過晚年，抱關擊柝於其下。俺達亦是古賢王，世為明朝鎮北疆，座客楊君（謂令德）曾有語：『其心如火貌如霜。』最佩詩人馬少遊，遊邊亦使敵人愁。口誅筆伐汗不止，抗建歌聲四野浮。更有荊州賢刺史，慈悲心走東西鄙，草根樹葉捧盈筐，泣說：『人間曾食此。』城北徐公長病肺，年年為黨留邊塞，苦心惟有黨人知，其職專攻無可代。杖節追陪坐寺中，春風吹客自融融。尚留一片傷春地，都是七賢苦戰功。我詩唱起主賓笑，賓謝主人翻雅調：紫毫揮動玉蘭開，檀板輕敲金呂嘯，詩壇祭酒傳詩韻，老少詩人人一份，拈得平聲色喜欣，抽來仄字情悲憤。悲喜聲中野宴開，主人承過羽觴來。預估勝利黃龍酒，痛飲定須千百杯。『元戎首倡新生活，獎勵春遊兼御射：今日吾儕修禊心，與元戎心不相隔。』（鄧先生語）酒闌客覓還城路，不見孤城見故墓。此會如能有此人（謂故高志清將軍）定憐賓主狂擊筑！漸離樹上斜陽曬，立馬踟躕深下拜，欲把春花奠墓門，何人來採春花賣。

十三、題石年兄滿江紅印譜

鄂王高唱滿江紅，紅淚滴殘石索中。千古瀟瀟簾外雨，聲聲如弔老雕蟲。

何日湯陰見漢儀？攜詞句譜告靈旗。焚香奠罷匈奴血，留取餘紅作印泥。

十四、集陸賀任文伯新婚

萬事寧非有數哉，要君共覆手中杯。開簾一寄畢生快，又向文君井畔來。
園林何許覓芳菲？陳跡關心亦自悲！商略此時須痛飲，樽前紅袖醉成圍。

十五、癸未上巳桃林山莊主人招飲即席

寒食堅米乍滿城，征人尙自說清明，今年禊事嫌無興，三目春衣著未成。離亂天涯花信晚，艱難九塞隱憂生！一杯佃柳營中酒，累到詩來不解醒。
爲此鑿空事，栖皇直到今。定知投筆日，猶是伏波心。右臂原應斷，名王心易擒。倘令逢漢、武，臣弱力能任。拔策終何濟？香氈大可哀！朝廷無遠略，沙漠老人材！君轍已前覆，我車方後來。相逢一揖手，聊舉介眉杯。

十六、已酉上巳桃林紀事

上巳山莊外，夭桃爛熳開。小人初奉劍，晉代重求才。八度蘭亭苦，何年倭寇摧。春旺門外路，同到鼠麴回。
千載今逢酉，流觴下水濱。仰觀天宇大，坐共麈談親。忽禊羅斯福將聽郝壽臣。一杯龍舌科，哀

樂飲逡巡。

十七、題壽山畫伯紀念冊六首錄一

小詩題罷淚沾巾，亡省亡家已十春。倘繪流民圖未就，添儂作個畫中人！

四十七、「蒙漢語文學研究」之簡介

該書內容分為三卷：卷上蒙漢語文比較學舉隅，有六書新證等十二篇；卷中蒙語實證的蒙古論等十二篇；卷下蒙漢語文化較學零簡等八篇。

卷上第一篇認證蒙語是庖犧氏到殷文造成時代的原始語言，所有殷、古、籀、鐘、鼎、小篆等文字，是根據原始複音造成的單音字。同時也證明了「六書」是古人造字的原則，其次序為轉注、指事、象形、會意、形聲、假借。第二篇以易卦及數字之發音證明：國、粵、閩、藏、日等語同出一源，滿與蒙語亦同源，並證明藏語為西楚人語；閩語為東楚人語；日語為齊楚發音語，是由阿爾泰複音語系蛻化為殷周單音語過渡期中的齊楚語。第三、四、五篇根據夏殷以前的複音語言，和殷周以來所製造的語言，闡述由複音蛻變為單音的全部過程。第六篇證明蒙語五星之名即漢語五帝之名，並證明新疆乃是黃帝及其子孫的舊疆，本是中華民族的老家。第七篇就史記匈奴傳譯名釋出三十餘個，以證明匈奴語與蒙古語是相同的，而這些語言大都已造成殷周文字，更因此而證明血統相同。第八篇闡述我國從黃帝起的本始宗教為巫教，堯舜先後加以改造，演變而爲三代的禮，爲孔門家法；墨子傳其明鬼；老莊傳其哲學；陰陽家傳其天文；秦謂之羨門；漢名方士；流入滿州爲薩滿教；入蒙藏爲黑喇嘛教。第九篇歷歷指出戰國墨家及陰陽家多年來對于管子幼官圖之曲解錯誤。第十篇以蒙古方言爲林語堂氏所著「古有複輔音說」作疏證，並極力糾正英國漢學家伊德欽、高本漢等人之錯謬。第十一篇述及德國學者認出一個蒙漢相同的字，日本學者白鳥庫吉認出十七個，而著者費了三十年的功夫，認出一萬餘個，井指出莫斯科的名字亦係蒙語，證明該地區在斯拉夫人入侵以前原爲中國人所有。第十二篇發現山海經原文是用阿爾泰文所寫。舉出八項理由證明蒙古語爲夏殷以前複音語，後來又證明尙書、堯典到盤庚以前各篇的原文，亦係複音文字所寫。

卷中蒙語實證的蒙古論，用蒙漢語文比較法，證明蒙古即匈奴，匈奴爲夏后氏之裔，蒙古語文、文化、道德、宗教都是殷以前中國的。

卷下蒙漢語言的語根篇，以各方通俗語言之語根證明古音古字之語根大都相同。

全書所引證除滿文外，舉凡古今中、英、德、日有關書籍，幾盡包羅。

附錄一　趙氏家譜

……以上爲姑遷東北之祖先，無名可考。

……之禮（李氏）——廷瑞（單氏）——金堂（楊氏）——金堂（楊氏）——文魁（宋氏、譚氏、李氏）——崇山（王氏）——鴻楷（尺子）

太祖考諱金堂，字老殿。太祖妣氏楊。太祖妣操持家務，祖產日增，築北、東、西房各七間，並購置三四房房基。太祖考清閑享福，夜間狼入院噙豬，太祖考都不起視而呼太祖妣逐之。太祖考享壽六十餘歲；太祖妣與彷佛。遺良田六百餘畝，住宅三座。

太祖考生四子，長諱文魁，字朝政；次諱　，十二歲夭折；三諱文會，字彩章；四諱文選，字清和。

祖考文魁公生於道光二十九年夏曆八月二十二日卯時，卒於光緒三十四年正月二十九日寅時，殆爲肺病，享壽六十歲，時先考二十三歲，鴻楷三歲矣。祖妣宋氏，代王堡西溝人，二十三歲來歸，生在咸豐十一年正月二十一日寅時，於民國三年五月初九日申時卒，享壽五十四歲，時鴻楷九歲矣。先祖妣宋氏爲第三次續絃，一爲譚氏，二爲李氏，皆早歿。

光祖考年十六歲，習商，入錦州東關義興隆（後改福增瑞）爲學徒。十九歲入錦州府刑房爲吏。時流氓訟棍欺侮農民，故爲吏以壯門戶。四十一歲積功，迄光緒十五年升任典吏，俗稱經承（即今之典獄長）兩任，實歷五年。知府李贈以四品官，戴水晶頂。此六年中，若貪汙舞弊，約可治田四百畝，先祖考則賠累祖產一百餘畝，值錢九千吊（每六吊值銀元一元，豬肉每斤五分）時米每斗二吊八百文。知府以先祖清廉勤慎（頒「勤慎可嘉」扁額），決任之爲洛庭縣比典吏大兩級的某一種吏。先祖妣力持反對，云：「當經承六年，賠出祖產一半；若再當典吏六年，非賠光祖產不可。」先祖考遂退休，年四十七歲。

先祖考作吏十八年，深知衙門黑暗，勸戒親友千萬勿打官司，平息縣北鄉訴訟。有虹螺峴四巨寇判刑收監，其峴紳商暗送巨款先祖考，請「絕食」以致其死。先祖考受之，而以此款爲四寇伙食，囚四年亦不死。所謂「絕食」即買通經承，不予寇盜飲食而餓死之之謂。其後，先祖考又爲四巨寇籌旅費，遣往哈爾濱，而以「絕食」致死告紳商。四巨盜秘密遺行前，謁先祖考，叩頭不起，約定永不作惡，永不還鄉。先祖考退休後，四人常有信來，云已成家立業矣。

先祖考兄弟凡三人，　　年分產（先嚴五歲），長房得南院，房二十餘間，田一百八十五畝；

三房得北院；四房得東院，田數同。先祖考並得典質田二百餘畝，每十畝典質價三百吊。先祖考均許原典人以原價贖回。其時規矩，典三年不續，每十畝可找價二百吊，拒不許贖。先祖妣反對許贖甚力，每有贖典人來，老夫婦必口角多日。此種贖地款均存德發成，無利，亦均賠入經承任上矣。

先祖考五十歲後（虎，六十八、十六）八月，縣北鄉遭雹災甚重，雹大如拳，牛傷羊死。先祖考與朱老、趙老、王老聚等五老人，勸募食糧，全活甚多。風雪殘冬，奔走振濟，先祖考每歸必堅冰滿鬚也。次年創三才寺。余家爲此寺費款先後約銀元二萬元。

先祖考五子一女，先嚴譚崇山字墨林府君其長也，餘均夭折。

先嚴生於光緒乙酉同治年十月初二日戌時。終於民國三十三年閏四月十一日午時，享壽六十歲。先慈生於光緒九年臘月二十四，歿於民國五十七年舊曆四月初一卯時。

置於陽明山靈骨塔中之神位

〈外〉　顯妣趙母王太君神　王

男奉杞　尺子

光緒九年十二月二十四日丑時受生

〈內〉　顯妣趙母王太君高壽八旬有五神　王

民國五十七年四月初一日卯時告終

附錄二　先人的事略

㈠艱苦的移民

我家的原籍是河北省（當年名直隸省）的昌黎縣。當清朝乾隆初年，那兒遭受了鉅大的天災，難民扶老攜幼向東北逃荒。我們的始遷祖考負著一根扁擔，一頭坐著二三歲的二世祖考，一頭挑著很大的葫蘆，裡面裝著糧米，始遷祖妣徒步隨行，走到今天遼寧省錦縣城東北二十華里的李相公屯，定住下來。始遷祖考替大戶傭工，始遷祖妣養豬種菜，過著貧苦的生活。始遷祖考諱什麼？始遷祖妣氏什麼？早已不能稽考了，他當年擔來的葫蘆，奇大少見，據說能夠容納五斗稻米。一直保存到我的兒童時代，這隻龐然鉅物，幾乎和我一般高。

現在由我的本房祖考諱文魁公遺留的文件裡查出，文魁公的曾祖考諱之禮，曾祖妣李氏；祖考諱遷瑞，祖妣單氏；考諱金堂，字殿X（東北家鄉呼為「老殿」，「殿」下必有一字，惜已失傳），妣楊氏。在楊氏之前，還有一位張氏，許家屯人。楊氏係續絃。

對於之禮公、遷瑞公的生平，我也毫無所知；但由金堂公承繼了六百畝良田、三座住宅共七十餘間這兩點上推斷，兩公也是由辛勤的農夫起家的。到金堂公時，種田都已僱長工，不再親自勞作。晚年很享清福，先慈說：「夜裡野狼入院嚙豬，你太爺都不肯下炕（火床），只招呼你太奶去趕狼。家務全由你太奶操持。你太爺享壽大約是六十歲，太奶不到七十歲。」生子四位，長諱文魁，字朝政；次諱某，十二歲夭折；三諱文會，字彩章；四諱文選，字清和。

我的本房祖考文魁公生於道光二十九年八月二十二日卯時，歿於光緒三十四年正月二十九日寅時，享壽六十歲。祖妣譚氏、李氏都未孕，不到三十歲便先後謝世。續弦本房祖妣宋氏，代王堡（又稱大茂堡）西溝人，生於咸豐十一年正月二十一日寅時，歿於民國三年五月初九日申時，五十四歲。

㈡勤愼清廉一典吏

先祖考讀私塾到十六歲，入錦縣東關義興隆（雜貨舖）習商，十九歲入錦州府刑房習吏。這是因爲當年官吏流氓訟棍欺壓農民，我家又是屯裡的首富，吃虧很大，學吏以支撐門戶。十餘年以後的光緒十五年升任典吏，俗稱經承，類似民國初年的典獄長，實曆五年。知府曾韞，薦爲四品官，戴水晶頂。典吏手握囚犯的生活和生命，如果作威作福，貪污舞弊，可以發很大的財，就是奉公守法，俸入也可以購治地產數百畝。先祖考連任兩次，卻賠掉三祖先遺產一百餘畝，值銅錢九仟吊，如依當年物價指數換算，約值銀幣兩萬元（當時秫米每斗值兩吊八十文）。知府增公以先祖考守法奉公，題頒「勤慎可嘉」扁額。送扁之日，城鄉長官親友來賀者千人，結彩搭棚，大排酒宴。據先慈說：「這是錦縣從來沒有見過的大榮耀」。知府增公調任河北省某府知府，決任先祖考爲樂亭縣的某一官職，比典吏高兩級，具有捐班知縣的資格。祖妣則力表反對說：「當了五年經承，賠去祖產一半（九十畝）；若再去做官，非賠光了祖產不可。」先祖考於是退休，時年四十七歲。先慈說：「你爺爺作吏十八年，學會了作文章，更成爲書法家。你舅舅住衙門，就是你爺爺引進的，並接爺爺的缺。你舅舅的字也學爺爺寫一個體。老人深知衙門黑暗，勸戒親友千萬別打官司。平息北六界（城縣北面六鄉鎮）訴訟多件。有虹螺峴巨寇四人判刑入獄，該峴紳商私送巨款，請你爺爺用『絕食』法置四寇於死地。爺爺收下，做爲四寇的伙食；而以死訊告知送賄者。四年刑滿，爺爺把開伙所剩的款一萬多吊分贈四寇作爲旅費和安家費，遣往哈爾濱。爺爺退休後，四人每年還有信來，並寄白蘑、黃烟等物，已經成家立業了。」

先慈又說：「光緒十五年，你爹爹五歲，金堂公（文魁父）爲你三位爺爺析產，爺爺（文魁）分得南院，房廿一間，地產一百八十畝五分；三爺北院，房廿七間；四爺東院，房二十七間，田數均同。爺爺因得房間和園田較少，補得典當田二百餘畝，每十畝典價三百吊。爺爺顧念貧戶置產不易均允許典當人原價贖回。當時規矩，典當田三年不贖，十畝找價二百吊，便成爲債權人的私田。奶奶反對甚烈，每有贖田人來，老夫婦必定口角多日。這種贖田錢共六仟餘吊，先後無息存於德發商號，也都被爺爺賠在典吏任上了。

「爺爺一向致力慈善事業。光緒二十四年八月，北六界雨雹，大如掌，牛傷羊死，熟禾全倒。爺爺偕王老聚、朱老X等五老人勸募食糧數百石，全活甚衆。冬，大雪。爺爺奔走賑濟，歸恆深夜，堅冰滿鬚。次年，創明善學堂，修三才寺，我家所捐私款先後約爲銀元二萬餘圓。」

㈢裔孫蒙愛

先祖考壽歿的一年，我才三歲。從記事起到先慈逝世以前，先慈多次談到祖考怎樣愛我的故事。先慈說：「我生育較晚，爺爺奶奶爲了抱孫子，行善、修廟、布施，花費了不少的錢。每年八月節，兩位老人家盼望了多年的孫子還沒有消息，爺爺便要大宴親友了。在筵席上，爺爺照例拜託來客，爲你父親『保媒』。親友照例安慰你爺爺一番，允於明年八月節後再行設法。這樣三四年拖下去，你在光緒三十二年五月二十三日到底來了！

「那一夜，我在裡屋坐月（蓐）子，爺爺奶奶對臥在外屋的煙榻上等候消息。當你落生的同時，爺爺在外屋大聲地說：『小子，一定是小子。』『小子』用東北話說就是男孩的意思。王大姨奶，你還記得吧？就是咱家裡那位旗裝的僕婦，故意打趣爺爺說：『女的』！爺爺說：『你不知道，一定是小子！』這時你王大姨奶笑幾聲，說：『你說得對了。——你怎麼猜得這麼準確呢？』爺爺說：『我剛才做了一個夢，看見南方的天上起了一條虹（東北音揁），直落院中，一個小胖小子爬到我身上來。』爺爺話說到這兒，你已經初試啼聲了。這是老娘婆（村中接生的老婦）在屁股上衆衆地打了三巴掌，你才哭的。接著奶奶過到裡屋來看了一遍，也大聲地說：『是個小子！是個小子！』然後洗了手，挑亮了聖宗佛（觀世音菩薩）前的長明燈，焚起線香，拜了下去。這時爺爺又已燒起煙來，兩老人家在商量爲你起名字。奶奶主張叫『雲孫』；爺爺主張叫『雲橋』，是跟方才那個夢有關的。爺爺說：『雲孫兩字很好；但只適宜長兩輩人來叫，長一輩人和平輩，便不能叫。』所以你的小名叫『雲橋』，又叫『橋子』。兩老在你先天就愛著你，你的來臨是兩老省吃儉用，積德修福買來的，中國人都是這樣。

「那一個月裡，你奶奶每天都來看你幾次，親你幾次。爺爺則急得團團轉，不能來看你，因爲咱們家鄉的規矩，公公不可以進媳婦的房間。這個看、這個親，你應該懂，它是說明在你毫無了解的時候就愛著你了。滿月這一天來了許多親友，轎車、馬車佔滿了三院，知府和知事的文案都到了。縣知事的四個禮盒是由城裡雇了八個人抬來的。開了幾十桌酒席。正午十二時，你王大姨奶把你抱進彩棚，交給你爺爺抱著，這時爺爺才看見了你，老人家已等了一個月了。衆賓客紛紛上來道喜，門外炮杖（爆竹）齊鳴，恭喜聲和鼓樂聲響成一片。兩位老人家樂得眉開眼笑。

「但滿月過後，我的奶水忽然日漸減少，你開始哭，開始瘦。那時沒有現成的奶粉，只有雇奶媽。但你的脾氣可眞怪著呢，雇一位奶媽來，你不肯吃人家的奶；另換一位奶媽，你仍是不肯吃，你爺爺說：『一定是奶媽身上有什麼味道，再換！』左右四五十里的好奶媽都換過了，你總是不吃。有時你吃著我的奶睡著了，悄悄地把你換到奶媽懷裡去，你馬上醒來，大哭不止，絕不含吮奶媽的乳頭。因此改用『光頭』（東北的一種餅乾）補充奶水的不足。先由我口嚼成糊，再哺入你的口中。但這種『光頭』吃少了，你便餓得大哭，吃夠了，又要瀉肚。於是再改用『布子』。每早我煮全家吃用的秫米飯，剛一開鍋，便淘出一碗，米才開花，我一邊做飯做菜，一邊嚼這種半生不熟的米，嚼成米糊，用布濾過，注入小鍋，加糖熬稠，含入我的口中，等它溫涼適度，再哺入你的口中。這種吃法，你倒十分歡喜，兩隻小腳直踹我的大腿呢。可是奶奶說：『你這種餵法，把布子裡的糖先自己吃了。要用調羹（茶匙）喂。』於是改用調羹；但你又不吃了。奶奶說：『我來』。她老人家喂，你仍然不吃，累得老人家上氣不接下氣，只好交還給我，仍用舊法。大約三個月後，爺爺主張吃掛麵，親自騎驢進城，買來油絲掛麵，吩咐用雞湯或羊湯並多加豬肉，仍是嚼著喂。但不到一天，你又開始瀉肚了，從此越吃越瀉，瀉著東西上閃著油花；只好再吃『布子』。

「『布子』吃了半年左右，你已經可以坐在爺爺奶奶懷中了。兩位老人家吃什麼體己也少不了喂你一份。爺爺有時用筷頭沾一點點白酒抿入你的唇中，你也會吃下去；不過過了不到一秒鐘，就會皺著小眉頭，從爺爺的膝上翻下來，向奶奶的懷裡爬。這時奶奶把你抱過來，仍然給你一點點酒；於是你又翻過爺爺那邊去；兩位老人家這時是快樂極了，朗笑不絕。最後把你訓練成了個小酒包，爺爺作古的那年，你已經可以吃一小杯高粱酒了。

㈣騎驢子的故事

「爺爺養著一頭心愛的走驢，據說這一匹走驢還比走馬值錢呢。每天早飯以後，爺爺便抱著你騎上驢子，從咱屯跑到水泉（村名），一個來回，六里多路。去的時候，你好高興噢，手舞足蹈，東看西看，口裡不知唱著什麼；回來的時候，卻在爺爺的左臂上睡著了。因此爺爺下驢時便要人扶一把，輕輕下來，防備把你驚醒。那時咱家有個小嘎（工）叫李三，一聽見驢子叫嘯（驢子回屯，到屯頭必叫），趕緊跑到門外去接迎你們。有時爺爺出門會客，必須避著你；如果讓你知道了，便噪著非騎驢不可。常常因此改變了爺爺的行程。

「爺爺的身體本來是很硬朗的。故世的那年正月初六，早飯以後，忽然對奶奶說：『我覺得有點不對，爲什麼我自己聞著自己的嘴是臭的呢？』奶奶聞了一聞，說：『沒味！』這幾天沒有帶你去騎驢，而且睡了下來，一直睡到正月廿九日，不知請了多少先生（大夫）看過，吃了許多的藥，終於長眠不起。爺爺病中，早飯一過，你照例纏著爺爺要騎驢。爺爺哄著你說：『爺爺病好了就帶橋子去騎驢。』你不依，硬要拖爺爺下炕。說是叫李三帶你去，怎麼哄你也不聽。李三本來是天天抱著你的，就是不要李三帶你騎驢。爺爺只好起來，帶你去騎。大約沒有騎過二三次，爺爺的身體的確不支了，你仍噪鬧不休。奶奶只好令我帶你到姥姥（外婆）家去。直到爺爺去世前兩天又把咱娘倆接了回來。淡了半月光景，才把你的『騎驢癮』稍微抹了點去。只是爺爺停

（靈）在床上，你還要拉著爺爺去騎驢，被李三哄抱著走了。」

先慈所說的這樣眞實故事，不記得聽過多少次了，因此我都能背得出來。大約在我讀高等學堂的時候，曾經把家中懸掛著的先祖考照片（和六七個老者合影）拿到城裡照像館去翻印；據說色已變黃，不能印了。又託一位善於炭畫的匠人畫了一張，給先慈一看說不像。先慈說：「爺爺的身材沒有你爸高，頭額眉目都像你爹，鬍子比爹爹多。」因此多少年來，我只能從想像裡看見像似先嚴的先祖考，始終記不得看不到祖考的本來面目。而這一張唯一的攝影，也於「九一八」後被日寇所焚毀了！祖考的遺物卻保存了許多，水晶頂的紅纓帽我戴過，高低雲頭的緞鞋我穿過，玉石的搬指（射箭用）我帶過，自幼迄長所穿的衣服大都是由祖考的衣服改造的。現在保存著的還有先祖考手寫先祖妣親繡的筆袋。一個羊脂玉的搬指，退休令和財產帳、地契等等。但我很少拿出來看，因爲每一瞻視，我的眼鏡便看不清楚了。

先祖考還藏了許多書。有一隻楡木特製的雙格板櫃，內部分層裝配六個木匣。經常鎖著，大約在我十二三歲進入高等學堂以後，纔許我打開閱看：最下層的木匣裡是木板精印的紅樓夢、綠野仙跡一類小說多種；但獨闕日夜想看的金瓶梅。其他各匣都是先祖考的長官親友的來信，封面上都註有收信年月日，來信多者便縛爲一束，單封者也依年月排在一塊。大多貼有郵票，今天想來，這些郵票該是極爲珍貴的了。我曾費了整個暑假，詳讀一遍，由內容上了解先祖考若干經歷、事務、思想、學問和交遊。——可惜這些藏書和信件都也經「九一八」後日軍查抄我家時，捆載而去，盪然無存。但先祖考這種藏書尤其藏信的優良傳統卻被繼承下來，我從民國十二年保存師友來信，直到大陸淪滔，約有萬封，交給一位好友妥為保存，不知還有沒有重讀的機會？

㈤祖母的教育

至於先祖妣的聲貌卻依稀記得：右臉顴骨下面有一顆紅痣，大如黃豆，身材如先妣彷彿，但歿年五十四歲，看來比先妣八十五歲還似衰老些，滿面皺紋。大約從先祖考故世，先妣又生了一個弟弟，我便和祖妣睡在外屋。祖妣從十九歲患哮喘病，每天咳痰很多。如臥著就把痰吐在一隻銀盂中，如坐著，便吐在炕沿下面覆著新土的地上。倒洗痰盂，收拾吐過痰的土並換新土，這是我的日常工作。先祖妣的哮喘，冬天最劇，咳一陣，吃一陣雅片，喘一陣吃一陣雅片；春、夏、秋不喘，精神較好，便撿些紙塊，親手寫上字，另一面繪上圖，例如字是貓便繪一隻小貓，字是狗便畫一頭小狗，字是一，便繪個拳頭伸著大拇指。先祖妣的字寫得很工整，繪畫逼眞而且上著五色。這些字塊都是頭一夜我睡著以後製成的，每天教我認五個字。保存著有兩匣。早晨沒有出被窩，便教我騎在身上，跟她念三字經、百家姓、千字文、名賢集、五言雜誌……這一類的小兒書。先祖妣念一句「人之初」，我也跟著念一句「人之初」。這些小兒書都是押韻的，念起來很順口。起身吃完早飯以後，才數認字，而所認的字塊必有方才念書時的字在內。因此當我六歲跟宋四叔（先祖妣娘家的侄子）啓蒙的時候，一開頭便讀論語，凡是小兒書已通統會背誦了。

認完字以後，先祖妣右手柱著杖，左手扶著我，到南園裡去散步。園裡花木盛茂，蔬菜繁多，遇到李樹就告訴我說：這是「趙錢孫李」的「李」，遇見桃樹就說：這是「桃李爭春」的「桃」。明天再到南園去，便要我在地上寫出「桃」「李」等字。然後爲我說一個有關「桃」或「李」的故事。下午，便教我挎著畚箕去拾糞或到屯頭上去挖土。土墊在吐痰的地方上，糞要倒入塘中。當我完成工作洗了手後，便可從先祖妣的手裡領到一個糖包或一塊點心。

宋四叔在我家書房裡教的是家塾，屯裡某些人家的子弟來附讀，不花學費。當我七歲時，先嚴請准勸學所（今之教育局）把私塾改成代用小學，奉派任校長兼教員。學生一班三十人，但分爲甲乙丙三級。還有一位啞學生李聲，是李大爺（伯伯）忠賢的長子。我在甲級，但不讀商務印書館的國文「第一課人，第二課手足」之類，而讀孟子、大學、中庸等書。晚間的課是黃眉故事。四書只念不講，這是先祖妣的教法，理論是趁著記性好的時候，先背誦會了，將來再講。黃眉故事則由先嚴講一段，第二晚要回講。回講最是苦事，要先背原文，滾光爛熟，不得結結巴巴，然後繪色繪聲，講得要和先嚴昨夜講得一模一樣，才許睡覺。這是立在先祖妣的雅片燈下回講的，先嚴坐在棹旁監督。

㈥全家禍

一樁禍事就出在啞學生李聲的身上。九歲的四月底，李聲的石筆不見了，比手畫腳到先嚴的講台前告狀。先嚴檢查了全班學生，石筆有長有短，李聲答覆都不是他的；偏巧我的石筆正好和李聲的一般長短，李聲點頭表示承認；於是我被認做小偷。先嚴關上書房的們，把我夾在兩膝之間，抓過我的左手，痛打起來。以前我和一般同學犯規挨打本是常事，只是三板五板，沒有出聲大哭的。這次打了不知多少板，打一陣問：「你是不是小偷？」我答：「石筆是我的！」於是再打，一邊打，一邊罵，把同學們都嚇傻了。先嚴的罵聲，我的哭聲驚動了住在前房的先祖妣，問明說是打我，便拄著拐杖跑到書房來，看見門已關上，先祖妣便從窗台上爬了過來，跌了一跤，起身舉杖對先嚴打個不停；於是我得以離開夏楚，左手腫了半寸多高。先祖妣為我敷上了醋拌的什麼藥，哄得不哭了。但第二天我便發燒，不省人事。

在我發燒期中，一晚我睡在前房的裡屋，朦朧中看見先慈穿上先祖妣的衣服，在東北謂之「套裝老衣裳」，我懂得這是先祖妣要臨危了；但我爬不起來，屋裡也沒有人顧我，我又昏睡了去。幾天以後我稍微清醒了，聽見院中響著鼓樂和唪經的聲音，問姥姥這是何事？姥姥說：「你乖乖地睡罷，這是隔壁辦喪事。」我便又睡了。後來知道這是念一期的經。等我更為清醒的時候，又聽見唪經的聲音。問先慈這是幹什麼？答復的話也含糊得很。後來知道這是念二期的經。直到我完全恢復了知覺，又聽著唪經的聲音。我翻身慢慢掉向窗台，捅破窗紙，向外一看，院內搭著經棚，於是我大哭起來。嚷得衆人進屋，七手八腳把我按倒炕上，我又昏迷過去了。到我能夠坐起，先祖妣業已作古五期了！這時記憶漸漸恢復，想起挨打，想到先慈「套裝老衣裳」，以外便什麼也想不起了。這一場大病，我失去了先祖妣，失去了妹妹；自己也失去笑容，因爲那天掮開窗戶一看，害了弔線風，六十年來我一直不能放聲大笑。

在我病得不省人事的當兒，七歲的妹妹珍子，因爲全家的人忙著爲我治病，她躺在二門過道的門閘上睡個午覺，感患風寒，也病倒了，發著高燒。後來先慈跟我講：「你病得上緊，只顧求醫，跳神爲你治療，不免忽略了珍子，在得病四天之後，她就夭折了。她在囈語中說：『哥哥死不得，我替他死了罷！』這話說了好幾回呢。」珍子葬在李家墳的田畔（夭折者不入祖塋）每年清明節掃墓，都燒給她一份金錢錁錠，中元節也送給她一份寒衣，直到「九一八」全家遷往北平爲止。二十四年，先慈秘密還鄉，出售田產，賣出一百畝中下田，留下一百畝上地；但屬於下田的李家墳被保留下來，因爲珍子在那兒埋著。

幸好挨打的事情終於弄清楚了：原來李聲的石筆掉到書桌的夾縫裡去了，第二天他自己找到，又把我的石筆送回。由於這一翻案，氣死了祖妣，氣病了先嚴，氣病了先慈，死掉了妹妹。李大爺（伯伯）感到萬分的抱歉，以他那寒寒苦苦的家境，竟送了一堂經；每期唪經他都來陪著先嚴先慈跪經。到我不避風了，李大爺又領著李聲來向我叩頭道歉，並重重打他一拳，痛罵一頓。再要打時，已被先嚴拉開了。

㈦父親的一生

先祖考妣生五子一女。先嚴諱崇山，字墨林號水秋是僅存的長子，生於光緒十一年十月初二日戌時，歿於民國三十三年閏四月十一日午時，享壽六十歲。先慈生於光緒九年十二月二十四日丑時，歿於民國五十七年四月初一日卯時，享壽八十又五歲。